林 壮一

ほめて伸ばすコーチング

講談社＋α《プラスアルファ》新書

はじめに

２０２０年2月9日、アメリカ合衆国オレゴン州ポートランドに建つモダ・センターで、私は身長2メートル3センチの黒人アスリートと向かい合っていた。試合前のドレッシングルームでポートランド・トレイルブレイザーズのスモールフォワード、トレヴァー・アリーザをインタビューしていたのだ。アリーザは、ＮＢＡ選手となって16年目の大ベテランであった。

インタビューの終盤、スケジュールの半分が終了した今シーズン、何を目指していくか？と質問すると、アリーザは「必ずプレイオフに出てみせます」と語った後、次のように述べた。

「私は他者と自分を比較しようと思ったことはありません。できうる最大限の努力をして、ベストな自分を作ることが肝心だと信じています。バスケットボール選手としてだけでなく、人間としてもです。いつも、最高の己を築くことを掲げて生きています」

アリーザの発言を耳にした際、その思慮深さに聞き入ると同時に、名将の教えがこのベテラン選手の核となっていることを理解した。アリーザは大学を1年で中退してプロとなったが、彼の言葉はUCLA（カリフォルニア州立大学ロスアンジェルス校）の監督が常々口にしていたものだったからだ。

その名伯楽、ジョン・ウッデンはアリーザが生を享ける10年前に引退している。が、ウッデンの哲学は、UCLAバスケットボールチームに深く刻まれ、脈々と受け継がれていた。教え子たちは、「ウッデン監督からはバスケットボールのみならず、いかに生きるべきかを教わりました。彼は一秒たりとも気を緩めずに、全力で私たちを指導してくれました。あれこそが教育でした。社会に出てから、その価値が良く分かります」と口を揃え、それぞれが師との出会いは財産だと話す（ウッデンについては、本書137頁からの「未来への提言❸」で詳しく記す）。

ウッデンは、こんな詩を好んだ。

才能とは、神から与えられたものだ。謙虚であれ。
名声とは、人から与えられたものだ。常に感謝しなければならない。
思い上がりとは、自分自身が作り出すものだ。気を付けよ。

また「**素早く動け、でも焦るな**」が口癖だった。

UCLAバスケットボールチームに入部する選手は、各々が高校時代にエースとして鳴らした精鋭ばかりだ。大学ではなかなか出場機会を得られず、ストレスを感じた者も少なくない。それでも、技術はもちろん、人間性を磨いて同校を巣立っていく。スポーツを通じて、自分の人生を何倍にも豊かなものとしている。

アリーザも2004年にNBAにドラフトされ、5シーズン目に優勝を勝ち取った。今日までに10チームを渡り歩いているが、どの集団に属してもチーム内で最も念入りに自らの定めたルーティンワークをこなしてレギュラーポジションを摑み、若手選手の見本となっている。アリーザの姿からは、アメリカにおける選手及び人間育成の高潔さが伝わる。

さて、読者の皆さんには、人生を決定づけた監督やコーチとの出会いがあっただろうか？あるいは、あなたのお子さんにはウッデンのような存在がいるだろうか。日本のスポーツ界に目を向けると、哀しいかな確たる理論も持ち合わせず、未だに鉄拳を用いる指導者が存在する。

本書ではスポーツ先進国であるアメリカを中心とした様々な事例や、体罰を見直そうとする日本人の視点を紹介しながら、ケツバットやビンタを好む暴力指導者たちへイエローカード、もしくはレッドカードを突き付けていく。そしてその上で、理想的な指導とはどのようなものか、提示できればと考えている。

スポーツは好きだからやるものだ。楽しいからこそ、続けることができる。アスリートとして成長することは、即ち、人間性を高めることでもある。的外れなコーチングや、軍隊的思考を押し付けるコーチの下で汗を流している若者は、自身が選んだ競技を心から愛せるだろうか。日々の練習に充実感を得られるだろうか。

日本のスポーツ界は変わらなければいけない。我が国のスポーツ環境の改善に役立つことを祈りながら、筆を進めていく。

目次

レッドカード❶

日本の常識は
世界の**非**常識

「ほめる」「見本を見せる」アメリカのコーチ

2003年にアメリカ合衆国ネバダ州リノで誕生した私の息子は、日米の二重国籍者である。生後6年8ヵ月をアメリカで過ごし、その後の7年5ヵ月は日本で生活させた。この間、我が家は葛藤の日々を送った。

ネバダ州在住の子供は、基本的に小学校に7年間通う。小学校の敷地内にキンダーガーデンのクラスがある。日本ではキンダーガーデンを幼稚園と訳し、未就学と認識するが、若干ニュアンスが異なっている。キンダーガーデンに入学した瞬間から6年生と同じスクールバスで登下校し、基本的な読み書きや計算、あるいは集団行動のルールを学んだうえで、小学1年生の教室に移るのだ。

キンダーガーデンの頃から、息子はNBAが好きだった。2020年1月26日にヘリコプター墜落事故で亡くなったコービー・ブライアントに憧れ、食い入るようにテレビ中継を見ていた。そこで、夏の間は毎週日曜に1時間、10ドルで子供たちを教えてくれる教室に入れ、バスケットボールのシーズンである11月からは日本で言うところのクラブチームと、少年少女育成機関が設けた地域リーグに登録した。

クラブチームでの練習メニューを大雑把に述べる。コートにはキンダーガーデンから中学生まで、100名弱が集い、週に3度のレッスンを受けた。

①　ウォーミングアップ的に、コートの端から端までをスキップ、ジョッグ、ダッシュで進む。後ろ向きでの走り、キャリオカ、スタート時にその場で10回ジャンプしてからダッシュ、5メートルダッシュも含んで。

②　2人組になってパス交換。両手でボールを持ち、相手の胸元にきちんと投げる。その折、片足を出してバランスを取る。まずはノーバウンドのパス、次にワンバウンドでのパス。

③　ボールを持っての構え。

④　足の運び方（軸足と別の足を動かす）。

⑤　ドリブル。前後、左右、高低。ボールを自分の体の横でついたり、腕とボールを後方に回して相手を抜き去る「ビハインド・ザ・バック」、あるいは、ドリブル時に自分の股を通す「レッグスルー」を体得するように。ドリブル時に顔を上げ、コーチが示す指の本数を大声で言いながら。

⑥　ドリブルでの鬼ごっこ。

⑦　コートの端から端までドリブルしながら、なるべく速く進む。右手だけで、左手だけ

で、両手を使ってなど条件を付けながら。また、「ビハインド・ザ・バック」「レッグスルー」を入れながら、スピードを重視して。
⑧ シュート（様々な角度から）。
⑨ 1対1。2対2。3対3。
⑩ ゲーム。

8名のコーチたちは毎回必ず、見本となるプレーを披露した。ビギナーや小学校低学年だと「ビハインド・ザ・バック」や「レッグスルー」は一度目にしただけでは、なかなか理解できない。子供の表情を観察しながら、時にはコーチがそばに駆け寄って丁寧に手本を示した。また、何名かのコーチはダンクシュートや、ハーフラインからのロングシュートで子供たちを喜ばせた。そして、どんな子に対しても「Good Job」「Excellent」「Wonderful」「Awesome」と、ほめ言葉を使うことを忘れなかった。

いずれ指導者として飯を食いたいという希望を持っているコーチたちは、誰もがステップアップを狙っている。バスケットボールの場合、NCAA（全米大学体育協会）ディビジョン1で全米大学選手権常連校の監督になれば、年俸は1億円を超える。それだけに競争も激しく、公立高校のコーチでさえ、結果が出せなければ即、クビを切られる。

クラブチームの一員として出場した公式戦でも、地域のリーグ戦でも、息子はスターティングのパワーフォワードを任された。彼にとってのデビュー戦は12―14で逆転負けを喫したが、チーム得点の全てを息子が挙げた。親馬鹿ながら私は、この子にはバスケットボールが向いていると感じた。

それ以上に息子はバスケットボールが好きだった。ボールを片手に登校し、時間があれば何時間でもシュート練習をした。試合になれば労をいとわず、必死で走った。コーチには「今後が楽しみですね。絶対にバスケットボールを続けてほしい。ただ、今は身体が大きいからパワーフォワードですが、お父さんが173センチだから、ゆくゆくはガードになるかな……。それも踏まえて指導します」と言われたものである。

幼少期から、バスケットボール、サッカー、テニス、ボクシングと様々なスポーツを経験した息子は、リノで非常に楽しく暮らしていた。だが、物書きとしての私の力が足りず、本を執筆するだけではとても食っていけなくなった。そこで、日本の小学校入学のタイミングに合わせて帰国を決めたのだが、彼はこれに拒否反応を示した。教師、クラスメイト、監督、コーチ、チームメイトと何の問題もなく過ごしていたにも拘わらず、親の勝手な事情でその生活を奪うことになってしまった。

日本のミニバスケットボールのおかしなルール

「I don't want to go to Japan!」

何度そう言われて泣かれたか分からない。彼にとって日本は「Go」する場所であり、母国ではなく異国だった。息子の涙を見る度に、胸が締め付けられた。

忘れもしない2010年3月1日、私たち家族はリノ空港から成田へ向かった。13年半に及んだアメリカ生活にピリオドを打ったのだ。預ける荷物が多過ぎ、チェックインカウンターで思いのほか時間を要した。その間、息子はずっと涙に暮れていた。飛行機が飛び立ち、乗り継ぎのロスアンジェルスに着陸するまで号泣した。故郷の街並みが小さくなり、やがてそれが見えなくなっても、窓に額を付けたままだった。2歳だった娘は妻の膝の上で笑っていたが、私は今でも、この日の息子の横顔が忘れられない。

日本で2度目の小学1年生をやりながら、息子は極端に笑顔の少ない子になっていく。ランドセルを背負って一列に並んで登校することは理解できても、ファスナー式の筆箱を使ってはいけない、鉛筆を耳で挟んではいけない等、細かな注意をされる度に「Why? Explain the reason!（何故？ 理由を説明して！）」「Tell me why（理由を言って）」と唱えた。しかし、教師たちから明確な回答は得られなかった。

それでもバスケットボールへの熱意は高かったので、週に6度練習するチームに入団したのだが、日本の小学生がやっているミニバスは、本場のバスケットボールとはまるで異質のものだった。

まずは、フープの高さが2メートル60センチと異様に低く、3ポイントラインが無かった。使用するボールも軽く、周囲が71センチの小さな5号球である（アメリカでは78センチの7号球を使っていた）。そして最も息子を悩ませたのは、アメリカでは問題のなかったプレーがファールになることであった。

レブロン・ジェームズやマイケル・ジョーダン、デニス・ロドマンの映像を見れば分かるように、NBAでは日常的に肩でのブロックや肘打ちを用いる。小学生でも高学年となれば、マウスピースをしてコートに入るのが当たり前だ。述べるまでもないが、これは前歯を折られないための策としてだ。小学生の試合でも、アメリカン・フットボール顔負けのタックルが見られる。激しいプレーをしなければ、バスケットボール選手としての未来はない。

また、ファールは4回まで使え、というのが共通認識である。それは日本のミニバスにはない考え方だ。誰もがケガをしないような、お遊戯のようなルールが確立されていた。

何度も県王者となっているからこそ選んだ強豪少年団だったが、2学年上までは息子とボールを奪い合う際に弾き飛ばされ、泣き出すようなチームメイトばかりであった。

元日本代表選手である松井啓十郎は小学生時代、父の助言によりミニバスを避け、正規の高さのフープと7号球を使用して公園で練習しながらアメリカの高校に進学したそうだが、私にはミニバスがいかに世界のスタンダードからかけ離れたものであるかが分かっていなかった。郷に入れば郷に従え、と言うが、NBAの現場に出ている記者として冷静に見詰めても、こんな奇妙なルールで本場との差が埋まるはずもないとしか感じられなかった。

そして嫌がらせが始まった

息子には「アメリカに戻った時に、故郷の仲間に遅れをとらないようにしなければ」という思いがあった。リノのクラブでチームメイトだった1つ年上と、同じ年のポイントガードは共に黒人で、彼らの身体能力には何度も舌を巻かされた。特に1つ年上の彼は、どんなに荒いプレーを仕掛けても、ねじ伏せて来る強さがあった。

NBAを身近に感じて育つアメリカの小学生たちは、激しい競争が当たり前だと把捉しながら育っていく。同じチームに属していても、目的はそれぞれ異なる。当時息子は「NBA選手になる！」と夢を語っていた。私自身はNBAは難しいとしても、ディビジョン2くらいのアメリカの大学で、思う存分バスケットボールを楽しめればいいと考えていた。

1年目は2軍で過ごしたが2年生を迎える頃に1軍に上がり、6年生チームのベンチに入るようになると、保護者からの嫌がらせが始まった。

「あの子と練習すると、ウチの子がケガをする」

「危ない」

「ここはアメリカではない」

このチームだけでなく、日本では子供以上にミニバスに熱くなっている大人を数え切れないほど目にする。土日祝日は、保護者の務めが山ほどあった。我が子のプレーを見ることは楽しいが、保護者たちは誰もが組織に怯えていた。お茶当番で監督の顔色を窺い、遠征で車を出さなければ、我が子が干されてしまうのだ。

チーム最年少として4歳年上とプレーする環境が成長に繋がると私は信じていたが、そのうち自分のボールを隠されたり、2歳年上の子を持つパパコーチから「お前は練習をしないでいいから、コートの隅で見学していろ」と言われるようになる。監督の采配でベンチ入りしたにもかかわらず、ある同級生の親は「あの子だけ、えこ贔屓しないでほしい」とチームに訴えた。この親はコーチとなって、あえて2軍チームに息子を入れる等、あからさまにやる気を削ぐような行動に出た。

ボランティアのお父さんコーチは、チームにとって貴重な労働力だ。地域の体育館やグラウンドを利用して活動する場合、事故防止の目的で何名かの保護者が現場にいなければならない。だから、大人の存在が不可欠となるのだ。

が、他人の子供を預かり、適切な指導を施して、選手としても人間としても成長させるだけの知識や哲学を持った人間には、滅多にお目にかかれない。バスケットボール経験者といってもアメリカとは比較にならず、素人に毛の生えた程度だ。それでもチーム内では指導者として肩で風を切っている。

アメリカでは子供をバスケットコートに送り迎えするだけでよかったので、親同士の付き合いがあることに閉口した。教育面でのマイナスが多過ぎた。ボランティアコーチが暴言を吐いたり、自分の考えを子供に押し付けたりする様を目にするたびに、私の頭には「タダより高いものはない」なる言葉が浮かんだ。

当時、息子に対して私は、「友達を作りにチームに入ったわけじゃないだろう。上手くなるために、アメリカに帰った時のために頑張れ」と励ますしかなかった。

とはいえ私が知らないところで、保護者からのイビリが繰り返された。小学2年となって、3ヵ月ほど耐えた頃だろうか。息子は「もう、やめたい。ミニバスって本当のバスケットボールじゃないでしょ」と、伝えてきた。その後、彼はサッカー小僧となっていくのだが、子が育つ環境として、疑問を感じざるを得なかった。このチームが特に酷いということでもなく、日本の少年団なら多かれ少なかれ似たような経験をすることとなる。

レッドカード❷

その暴力、**犯罪**です

大阪市立桜宮高校バスケ部事件

２０１２年12月23日、大阪市立桜宮高校バスケットボール部のキャプテンだった17歳の男子生徒が自ら命を絶った事件は、日本の高校運動部の在り方を巡って大きな波紋を呼んだ。少年は顧問から過剰な体罰を受け、追い詰められていた。私が本件を知った折、憤りを覚えながらも、日本のバスケットボール界でなら大いにあり得ることだと感じた。

高校生選手を自殺に追い込んだ顧問は、日本体育大学を卒業後、体育教師となった。少年が死を選んだ前日、この教師は練習試合中にコートに入ってキャプテンを追い掛け回し、20発もの平手打ちを浴びせている。

少年の自殺後、この体育教師は傷害と暴行で起訴されるが、初公判で検察から「口が血まみれになっても殴っていた」ことを指摘されている。また、まるで反省の色を見せないまま、生徒が亡くなった13日後に遺族に電話をかけ、指導現場への復帰を許してもらえるか？と尋ねている。

２０１３年9月5日に行われた初公判で同顧問は、被害者少年の母親から「何を考えて殴ったのか」と問われ「指導です。強くなってほしいと」とつぶやくように答弁した。「自分も叩かれて育った。体罰で成長し、伸びた選手がいた」とも話した。

公判では、彼が教師になりたての頃からずっと暴力指導を続けていたこと、そして、桜宮高校に同僚教師として勤務していたこの体育教諭の妻も体罰を容認していたことが明らかになっている。

同年9月26日、大阪地裁は彼に対し、懲役1年、執行猶予3年の有罪判決を言い渡した。2016年2月24日には、少年の遺族が大阪市を相手に約1億7400万円の損害賠償を求めた民事訴訟の判決が下り、東京地裁は市に約7500万円の支払いを命じている。

そして2018年2月16日、大阪市が遺族に支払った損害賠償金のおよそ半額を負担することをこの体育教師に求めた訴訟では、大阪地裁が請求通り約4300万円の支払いを命じた。判決後、大阪市教育委員会は「市の主張が認められた」とコメントした。

被告の教師は日本体育大学時代、公式戦に出場できるレベルの選手ではなかった。2軍にも入れなかったという。加えて、配偶者の父はラグビーの日本代表を経て高校の指導者となり「泣き虫先生」として有名になった人物だ。

この教師と同年代の日体大OBで、現在は公立高校の管理職である人物は言った。

「少子化が進み、今や全国のどの高校でも生徒集めに苦労しています。名門大学に何名合格した、甲子園に出た、インターハイに出た、となると子供が集まる。私立なら生徒数と受験者数が利益に直結しますし、公立校も志願者の数が教育委員会へのアピールとなる。即ち、校長の業績となり、出世に繋がるんですよ。桜宮高校は強いとバスケットボール部に入りたい受験者が増せば、校長の評価は上がります。

選手としてパッとしなかったからこそ、指導者として認められたかったのでしょう。全国大会に何度か出場し、自分に酔いしれていたんじゃないかな。義父への対抗意識やコンプレックスもあったでしょうね」

元バスケ全日本監督が見た暴力指導者たち

２０１６年９月22日、「Bリーグ」として、日本にも本格的なプロのバスケットボールリーグが産声を上げた。この日を遡ること22ヵ月前の２０１４年11月、日本は国際バスケットボール連盟（ＦＩＢＡ）から、国際試合禁止処分を下されている。国内に日本バスケットボールリーグ、ｂｊリーグと、２つの団体があり、再三にわたって統合を求めるＦＩＢＡの要請に耳を貸さない姿勢が問題視されたのだ。

この問題をホワイトナイトのように解決したのが、Ｊリーグ初代チェアマンである川淵三郎であった。２つの組織を統一し、古参兵を一掃。２０１５年８月にはＦＩＢＡの処分も正式に解除され、Ｂリーグ発足に向け新体制ができあがった。

だが、プロリーグと言っても、競技レベルもチーム運営も世界最高峰のＮＢＡとは雲泥の差である。4季目の2019年8月8日には、早くもB2香川ファイブアローズのヘッドコーチによる暴力行為が発覚し、リーグから制裁を受けた。

このヘッドコーチはアメリカの独立リーグでアシスタントコーチを務めた時期があったようだが、選手を指導するのに相応しい人間性だったとは思えない。

「シュートを落としたとかミスをしたことで手を出したわけではありません。大変期待をしていたり、特に私とコミュニケーションが取れている選手、そういう選手が当該選手となっていますが、各々の選手の課題、技術的な部分ではない部分での課題。例えば言動であったりとか、この業界でずっと活躍していってほしいという私の強い希望があり、『そのためにこれだけは改善しよう』という課題がありました。それに対して『これはやめようね』と言っていた行動を起こした時に手を出したのが事実です」

ヘッドコーチは自らの行為が、パワハラであるとは認識していなかったと話し、チームの代表者と共に辞任した。

2020年1月にはB1に属する島根スサノオマジック監督のパワーハラスメントが公となり、職務停止2ヵ月のペナルティーを受けることとなった。Bリーグは件の監督の暴走を止めなかったとして、クラブに30万円の制裁金、GMにも10万円の制裁金と譴責、アシスタントGMにも譴責処分を科した。

スサノオマジックの監督も桜宮高校の元バスケットボール部顧問と同じ日本体育大学のOBで、学生時代からチームメイトに対し、暴力行為を繰り返していたそうだ。この種の人間にプロチームの指導などできるはずもない。しかしスサノオマジックは、CEO自らが「正直、頼もしいという印象を持っておりました」と話し、たった2ヵ月の謹慎で、この男を復職させてしまう（シーズン開始から10試合指揮を執った後、成績不振を理由に辞任したが）。

元全日本男子バスケットボールチームの監督である吉田正彦は、本件について怒りを込めて語る。

「プロコーチの行為としては、あまりにもお粗末ですし、制裁も甘いですね。こんな男は永久追放にすべきです。スサノオマジック監督の人間性が治るものでもないでしょう。監視の目が緩んだら、絶対にまたどこかでやりますよ。プロ化したとは言え、リーグの仕組み自体が、まだまだ未熟です。コーチの役割をきちんと学習していたら、選手に暴力などとても振るえませんよ。

桜宮高校の元顧問も、指導の場で傷害事件を起こしてしまった犯罪者です。殴られて自分は成長したなんて、勘違いも甚だしい。彼らのように問題を起こすコーチは、自らの体験を伝えているに過ぎません。それしか知らないんですね。他者の哲学から学ぶとか、コーチとして新たに学習して引き出しを増やすことができない人間です」

後記するが、バスケットボール指導者のバイブルとされる、名伯楽、ジョン・ウッデンのピラミッド理論を読み込み、現場に活かしているコーチなど、日本にはほとんどいないだろうと吉田は溜息をついた。

「一流のコーチングを身に付けていれば、選手がいいプレーをした時に、自然とほめ言葉が出て来るものです。何も殴る必要などないんですよ。私もジョン・ウッデンのコーチ論を学びましたが、パワハラコーチたちはウッデンの名前さえ知らないでしょう。ウッデンを少しでも齧っていたら、殴ろうという発想になるわけがない。暴力や人格否定ではなく、もっと選手に刺激を与えるようにやるべきです。選手にできないことをやれと言うのはナンセンス。選手の特性を鑑み、テーマを与えてやることが肝心です。

レイアップシュート一つにしても、相手の頭の上から、下から、ブラインドからと様々なパターンがある。○○をマスターしておけば、この3つはできる、ということを教え、幅を広げていかねばならない。そのうえで、瞬発力や持久力を補強していくんですね。選手が一つ課題をクリアしたら次のテーマを与える。壁を超えられないのなら、その原因は何かを説明してやる。桜宮高校の元監督はやり方だけを伝え、自分のイメージに合わないと殴っているんです。それは無能な指導者のやることです」

指導者の意識もレベルも低すぎる

吉田は1941年4月18日生まれ。暁星中学でバスケットボールと出会い、高校時代にインターハイでベスト4。立教大学では3年次に全日本総合選手権で優勝。卒業後は、当時の日本リーグで最強だった日本鋼管に就職した。ポジションはポイントガード。

大学生だった1962年以降、7年余り日本代表として数々の国際試合に出場した。が、1964年の東京五輪は直前で右足を骨折したため、メンバーから漏れている。ミュンヘン五輪（1972年）はコーチとして、モントリオール五輪（1976年）は男子日本代表監督として指揮を執った。当時のジャパンは、アジア王者として五輪本戦に挑んでいる。

私は彼に、日本のバスケットボールの問題点を訊いた。

「確かにBリーグが始まり、600人ものプロ選手が誕生しましたが、客を呼べる選手が一体何人いるでしょうか。名前ばかりのプロが誕生してしまった。選手を厳しい目で選別し、クオリティーの高さを求めなければいけない。技術も人間性も未成熟な者ばかりです。だからこそ、きちんとしたプログラムで育成しなければならないのに、指導者の意識もレベルも低すぎる。バスケットボール選手を育て上げる土壌が日本にはない。私は、日本のプロリーグは10チームくらいが精一杯だと見ています」

吉田は全日本の監督時代、NBAのポートランド・トレイルブレイザーズやオレゴン州立大、カリフォルニア州立大バークレー校、アリゾナ州立大など、アメリカ西海岸の大学との合同練習や練習試合を数多く組んだ。

「ありがたいことに、トレイルブレイザーズはNBAの1軍が相手をしてくれました。100点以上取られて、こちらは40点くらいでしたね。20都市で約50日間、40試合をこなしましたが、一試合も勝てなかった。でも本場でボコボコにやられたからこそ、日本選手はこの米国遠征で自己のテーマを肌で感じ、メンタル面も成長を遂げました。それで、常勝アジアの地位を築けたのです」

日本代表メンバーがアメリカの選手から最も影響を受けたのが、モラルと自覚だった。

「体育館での練習が終わると、あちらの選手たちはトレーニングウエアやソックスをネットに入れておくんですね。すると翌日、洗濯して綺麗に折り畳んで渡される。それを優遇されていると捉えるのではなく、自分はこういう人々に支えられているんだ。彼らに感謝の気持ちを伝えよう。自分を支えてくれる周囲のためにも勝利しなければいけないというメンタルになっていきます。また、プレーに集中できる己を誇りにも思います。だから今のポジションを失ってはならないと、努力するんですよ。

アメリカの選手たちは、バスケットボールの楽しさを分かっていますね。まず楽しさがあって、色々な技術を身に付けていく。楽しいから、教わった事柄を繰り返して練習できる。そのステップが日本は混乱しています。でも、当時の全日本メンバーは、日の丸のユニフォームを着ることの意味を理解していました」

「非凡」と「平凡」の分かれ目

吉田ジャパンがアメリカ西海岸で行った長期遠征は、ピート・ニューウェルの人脈が大きく反映されている。この人物は、1960年のローマ五輪でアメリカ代表チームの監督として金メダルを獲得。4年後の東京五輪では日本代表の特別コーチとして来日。吉田も指導を受けた。

ニューウェルも暴力はもちろん、怒鳴り声さえ上げる人ではなかった。指導者になった吉田はニューウェルから教わったことや、コーチとして学習したことをベースに自身の指導法を構築していった。

「ニューウェルは非常に基本的な、片手を上げて構えてステップといったメニューを日本代表選手に課しました。選手は非凡なタイプと平凡なタイプの2つに分かれます。非凡な人間は、平凡なことの積み重ねを毎日できる。『明日やろう』ではなく、今日やらねばならないことをその日のうちに実行に移せる。そうやって100日続けた選手は、平凡なタイプと大きな差が出ます。

たとえ全日本に選ばれても、自分を周囲に分かってもらうのに3年かかります。人として理解してもらえなければ、自分が欲しいタイミングでパスなど出て来ません。チームメイトとの信頼関係を築くのに、通常は3年かかりますよ。また、日本代表の15名に入るには、同じポジションの選手を蹴落とさなければならない。その時の配慮や礼儀もわきまえた人間が、生き残っていくんですね」

当時の吉田は、日本人に適した戦い方は走力だという考えに行き着いた。

「世界大会に出た際、日本人は高さではとても太刀打ちできません。ですが、相手に走り勝つことは可能です。だから守備に重点を置き、走るバスケットボールをしました。重視したのは選手の意欲です。決意と不屈の精神で走り抜き、運動量で相手を圧倒する。私はそこに忍耐を付け加えました。教えると言っても、1回教えてできるわけじゃない。繰り返し、繰り返しやって、熟練度を積み重ねていかねばなりません」

ビギナーの小学生にこそ正しい指導を

吉田は今でもバスケットコートでボールが弾む音がたまらなく好きだ。バスケットコートを足の親指で摑めと習った、中学生時代の原風景が蘇る。そうしなければ動けないと指導され、体に染み込ませた。コートで流した汗と涙の日々は、何物にも代えられない財産である。だからこそ、バスケットボールを愛する少年少女が健やかに育つことを望む。元全日本監督の視線でミニバスを見詰めると、やはり奇異な物に感じる。

「ビギナーである小学生を間違った方向に進めてしまっていることも、全日本の低迷に繋がっていますね。最近はインターネットの普及により動画でお手本が見られますから、その点は喜ばしい。ですが、考える力を養い、メンタルも鍛えなければいけない。日本バスケットボール協会は、昨今、コーチライセンスを発行していますが、講習会をやって、カネを集めることを第一目的としているんですね。単なる協会のビジネスなんですよ。

そんな指導者たちが、預かった少年少女の現状をくみ取れているのか？　できていないのに、自分の知識だけを押し付けている。その繰り返しですよ。指導者に言われた課題がマスターできていないのに、さらに新しいテーマを与えられる。前の課題と今日の課題に関連性がない。だから子供たちは迷う。迷うから、頭に入り辛い。身に付かない。小中高と、日本は負の連鎖に陥っていますね」

私が気になっていた、日本独自のミニバスルールについても訊いた。

「バスケットボールは、試合開始から終了まで身体接触が続く競技です。ですから、現在のミニバスで子供たちを接触プレーから遠ざけるルールは、過保護としか表現できない。日本バスケットボール界が、組織として改善すべき点ですよ。それでも、ミニバスとBリーグは友好関係でしょう。バスケットボールを知らないボランティアコーチや小学生たちがBリーグを見に行かなければ、会場が埋まりませんから」

帰化選手の活躍により、全日本男子は辛くも東京五輪の出場権を得たものの、アジア圏内ですら強豪ではない。吉田が監督を務めていた時代はアジアで負けなかっただけに、その体たらくに目を覆いたくなる。吉田が監督の座を降りたモントリオール後から東京まで、全日本男子は実に44年間も五輪を逃し続けた。アジア予選において、技術、メンタル、頑強さと他国に凌駕されていた。日本イコール弱い、が共通認識だった。

「バスケットボールって、本来、楽しいスポーツなんです。軍隊のような練習メニューじゃダメですよ。技術を体得したら、そこでまたリスタートして進展していかねばならない。日本は学校教育の中にバスケットボールがあって、まずは体育教師の言う事を聞け、みたいなところから出発しますよね。その教育の質と人材難が、日本のバスケットボールの発展を阻んでいるように私は感じます」

レッドカード❸

夢をつみとる大人たち

夏の甲子園は誰のためにある？

２０２０年は新型コロナウイルスの影響により、「春のセンバツ」こと選抜高等学校野球大会が中止となり、東京五輪も延期された。全国高等学校体育連盟（高体連）は4月26日に夏のインターハイ中止を発表。高校生アスリートは集大成とされる全国大会の場を失う。だが、夏の甲子園こと第１０２回全国高等学校野球選手権大会の中止は5月20日まで結論が出なかった。

結局、地域の高等学校野球連盟（高野連）が夏の甲子園代替大会を都道府県レベルで行い、かつ、選抜高校野球大会に出場が決まっていた32校が、１試合のみ、甲子園で戦う形に落ち着く。相変わらず日本のメディアは甲子園を美談として祭り上げるが、夏の全国大会中止の決断を下すのに時間を要した背景には、経済損失６７２億円という大人の金勘定が漂う。

ご存知のように夏の甲子園は、プロモーターである朝日新聞社と日本高等学校野球連盟が「汗と涙と感動」をテーマに、歴史を刻んで来た。そのうえ、毎年、全試合をＮＨＫが放映するのだから、嫌でも注目を集める。高校生のひた向きさを目に、一喜一憂するのは日本人好みとも言える。

主催者側は甲子園大会について「教育」という語を用いて全力疾走を促《うなが》し、ガッツポーズやハイタッチを禁じて《高校生らしいプレー》を求める。最後まで諦めない姿こそが甲子園には相応しいと、コールドゲームには絶対にしない。とはいえ、真夏の炎天下に15日間の過密スケジュールを組んで連戦させることが、未成年のアスリートにプラスとなるはずもない。また、優勝を狙う名門校は基本的に私立高校ばかりで、特待生として全国から野球の上手い生徒を集め、学業よりも練習を重視させている。

センバツ甲子園の1回戦で敗退し、「末代までの恥。切腹して死にたい。もう野球をやめたい」とコメントした監督や、右肘を剝離骨折したエースに連投を命じ「かわいそうだが、野球生活が終わるつもりで、死ぬつもりでやってもらいます」と話した指導者の存在もある。高校野球界においては、この類の人間が名将と謳われてしまう。

朝日新聞社のある現役社員は、甲子園の地区予選の取材は新人記者育成プロジェクトだと断じる。

「甲子園がいいか悪いかなんて、考えることもない。やれと言われたら社命としてやるだけ。ただ、大学を出たばかりの新人を育成するのに、高校野球の取材は手っ取り早い。どこの高校に所属する何という名前の子が、バッターボックスに入ってどういう風にプレーしたかを延々と記録する。それで情報処理能力が身に付くんだ。また、そういう取材に慣れておくと、野球以上にミスが許されない選挙取材の時に、きちんとした仕事ができるようになる」

朝日新聞に入社する人間が、全員野球好きとは限らない。とはいえ、最初はバカらしいと感じていても、「血と汗と涙にまみれた青春」といった調子で若者たちと付き合っていくと、次第にいいものだな、と思うようになるそうだ。本社勤務の某記者は、一種の洗脳だと苦笑いを浮かべた。新入社員の頃から教育されれば、それが当然と感じてしまうのも無理はない。

甲子園を美しいと捉える日本人もいれば、時代錯誤と感じる者もいる。私の眼には純粋に野球を愛する高校生たちが、大人に利用される構造にしか映らない。『ニューヨーク・タイムズ』や『ワシントン・ポスト』をはじめとしたメディアが、高校生アスリートを飯の種にはしない。天然芝のグラウンドで、思う存分白いボールを追いかけているアメリカの高校生と比較した時、日本の高校球児が気の毒でならない。

一つの目標に向かって自らの生命を燃焼させることは尊いが、弱冠18歳で燃え尽きさせてしまった後、その少年に何が残るのか。全国高等学校野球選手権大会は、矛盾と共に100年以上もの月日が流れてしまった。

甲子園出場を「宣伝」と考える私立高校

ベースボール発祥の地、アメリカ合衆国の高校生には投球制限がある。NFHS（National Federation of State High School Associations）は、高校生は1日に110球以上、中学生は85球以上投げてはいけないというルールを定めている。そして、高校生ピッチャーが1日に86球から110球投げた場合は4日間、66球から85球なら3日間、46球から65球なら2日間、31球から45球の投球数なら1日の休みを取ることを課している。言うまでもないが、甲子園の過密日程とは全く異なった環境を築いている。

蛇足ながら、中学生が66球から85球投げた折には4日、51球から65球なら3日、36球から50球なら2日、21球から35球なら24時間の休息を求める。アメリカの常識から鑑みれば、全国高等学校野球選手権大会は開催することすら不可能なのだ。

加えて、ベンチに入れなかった高校生たちがメガホンを片手に応援席から校歌を合唱する行為も、高校生らしく清々しいと、好意的に受け取る日本人がいる。こうした考え方はアメリカにはない。スポーツをすることとイコール、試合で競うことだからだ。2軍、3軍にもそれぞれのリーグ戦があり、必ず公式戦に出場させる。

「たとえ試合に出られなかったとしても、白球を追いかけ、艱難辛苦に耐えた日々は必ずやお前の人生の糧となる」

日本社会全体が補欠の部員たちに向かって、そんな言葉を掛けるが、本当にそうだろうか。競技者はプレーする喜びを感じるからこそ、そのスポーツを愛するのではないか。

各高等学校にとって〈甲子園出場〉には、かなりの旨味がある。昨今、野球人口が減っているとはいえ、多くの野球好き少年が受験することで受験料を得られるからだ。特に私立高校の場合、受験料収益は経営の大きな柱となっている。入学する学生の定員は決められているから、授業料が大幅に増えることはあり得ない。しかし、受験者が多ければ多いほど、カネを生む。○○年に甲子園に出場しました！　というのは、高校にとって大きな売りとなるのだ。

「補欠選手にバッターボックスを用意したい」

私は、ある甲子園常連校のX監督に、ベンチに入れない生徒たちにも、アメリカのように2軍のリーグ戦、3軍のリーグ戦を用意すべきではないか、と問い掛けたことがある。彼は身を乗り出して応じたものだ。

「その通りです。正直、1軍メンバーに入れない子の方が多い。下級生の中からレギュラーが出て、もはや自分には芽がないという現実を突きつけられた子に対して、私は教師として

『キミ達のような縁の下の力持ちの存在がチームを強くするんだ』なんていう綺麗事を言わねばならない。でも、それは本心じゃないんですよ。

指導者だって全員が公式戦に出られるようにしてやりたい。でも、コーチの数、審判のスケジュール、試合会場等を考えれば現状ではまず無理です」

ならば、3年生の補欠部員だけを1週間アメリカに遠征させ、現地の高校との交流戦を行い、メジャーリーグのゲームを観戦するというのはどうでしょう？　甲子園出場の夢が破れたとしても、野球好きの子供たちにとって、かけがえのない1週間になると思います。私がそう切り返すと、X監督は目を輝かせた。

かつて私は、ネバダ州リノで公立高校の教壇に立っていた。当地で最もレベルの低い、学習意欲のない高校生たちに何とか高校の卒業証書を与えるというプロジェクトに携わり、日本文化を教えたのだ。だから日本の高校がベースボールの交流戦を呼び掛ければ、きっと手を挙げるアメリカの高校があることは予測できた。

修学旅行にさえ行けず、学業を二の次にして甲子園だけを目指して来た日本の高校生たちに、青空の下で思い切りベースボールを楽しんでもらいたかった。スタンドからメガホンで校歌や応援歌を歌うことよりもずっと健康的で、彼らの人生においてプラスになる確信もあった。甲子園という小さな世界ではなく、より広い視野でベースボールという競技を体験してもらいたかった。

米国の高校にアプローチを始めてから1ヵ月もしないうちに、ワシントン州シアトルの私立高校から「ぜひ！」という返事が届く。

「共通のスポーツを愛する同年代の学生たちが、言葉の壁を超えて親交を結ぶ。アメリカ人の高校生にとっても、またとない経験になることでしょう。大いに日本の文化に触れさせてやりたいですね」

同校は、ベースボール部員の家庭に日本人学生をホームステイさせたらいい。空港から学校まで、またホームステイ先からボールパークまでの移動は全てスクールバスを出す。徹底的に経費を削減しましょう、と言ってきた。そして、プランAとして日本の学生を引き受けるので、翌年のプランBは、こちらの保護者も一緒に50名ほどで日本へ遠征をさせてほしいと告げてきた。

同校のベースボールチームのヘッドコーチは、7歳からリトルリーグに入団し、ピッチャーとしてキャリアを積んだ。高校時代にクリーブランド・インディアンズからドラフトされるが、大学進学を選択する。そして3年次にデトロイト・タイガースから指名され、プロ選手となった。

「高校2年生だった17歳の時、自分にはプロの世界でやっていける能力と精神力があると感じました。でも、美術と科学が好きでしたし、勉強もしたかった。大学生活を味わいたいという思いもあり、進学を決めたのです。大学でドラフトにかかった時は、やってやる！　と思いましたね」

が、プロ生活は2年で幕を閉じる。マイナーリーグからメジャーへ昇格することは叶わなかった。そこで大学に戻り、美術で学位を取得。卒業後は、カリフォルニア州でビジュアルアートに携わる仕事に就く。そんなある日、高校のベースボールコーチをしてほしいと頼まれてグラウンドに立つと、指導者の魅力を全身で感じた。

「若者が成長していく姿を間近で目にすることが、こんなに楽しいものかと思いました。あっという間に11年が過ぎましたよ。コーチには教育者としての要素も必須です。今、我がチームはAチームに18名、Bチームに19名、Cチームには16名がいますが、一人一人に合ったレベルで、課題を与え、練習させてゲームに送り出すことが私の役目です。同時にメンタル面も鍛えなければいけない。その子に最も適した方法でのアプローチが必要となります。コーチも選手たちにも『これで充分だ』という終わりはありません。

私は常に勝利を目指します。でも、それ以上に預かった選手たちにベースボールの楽しさ、プレーする喜びを味わってほしいと考えています。友情も感じてほしいですね」

このヘッドコーチはあくまでも公式戦を想定した指導を行っていた。私は彼に、1軍しか試合に出られない甲子園大会を美とする日本の風潮について説明した。

「私は日本の文化に興味を持っていますし、礼儀正しく、秩序を重んじる日本人を心から尊敬しています。チームメイトと激しい競争をすることには大きな意味があるでしょう。でも、たとえレベルが高くない選手だとしても試合には出場させるべきだと思いますね。私自身はどんな選手にも、試合でプレーする機会を与えますよ。ゲームこそが一番の喜びじゃないですか」

高野連にストップされた海外遠征

甲子園の出場権を得ても、選手への暴行が明らかになった指導者が、ベンチに入れなくなるといった問題も一向に消えない。たとえば、2019年春のセンバツ甲子園に出場した春日部共栄高校は、暴力行為が発覚した監督がベンチで指揮を振るえなかった。同校は2018年の秋季関東大会で準優勝し、センバツ甲子園への切符を手にしたが、2018年4月に行われた練習試合で監督が見逃し三振をした3名の部員を平手打ちし、かつ蹴りを入れたことが露見した。

アメリカの高校で指導者がこの種の暴行を働いた場合、即、警察に通報され、手錠をかけられる。保釈金は、少なくとも1500ドルとなる。また、人権思想を欠いた教員として社会に認知される。

私自身もアメリカでの高校教師時代、一瞬ではあるが、暴力を用いた指導をすれば、どんなに楽かと感じたこともある。だが、罪となる以上に、そんな安直な方法で若者と向かい合うのは教育者の姿ではないということを現場で学習した。

春日部共栄高校の監督は、高知高校在籍時に2度、春の甲子園を経験し、1975年には主将として優勝を飾っている。日本体育大学を経て、同校に赴任。1980年から野球部を指導している。

見逃し三振をした高校生に平手打ちをしたり蹴飛ばしたりすれば、次にバッターボックスに入った時から打てるようになるのか。おそらく、本人が高校生時代に同様の指導を受けているから、当然だと感じているに違いない。自分はそういう指導を受けたからこそ、甲子園で優勝できたのだ、と思っているのかもしれない。

監督がおらず、代理がベンチに入った春日部共栄高校は、当然のように2019年春のセンバツ甲子園初戦で敗退した。0―8の完敗だった。

これについてシアトルの私立高校のヘッドコーチは、

「選手の成長を考えれば、どういった態度をとるべきかが見えるものですよ」

と短く回答した。

アメリカの高校生には日本で言うところの全国大会がない。ベースボールも他のスポーツと同様で、州のチャンピオンまでで終わりである。ただ、プロで通じそうなエリートは、スポーツメーカー主催のオールスター戦等からお声がかかり、大学やメジャーリーグからスカウトされる。高校生年代で燃え尽きることなく、より上の環境で、さらに高いレベルで競技を突き詰めていくのである。

また、シーズンスポーツ制であるため、年間を通して季節ごとに異なったスポーツに打ち込む。メジャーリーガーやＮＢＡ選手も、様々な競技を経験したうえで、最も自分に合った種目を選択している。

３６５日、同じ競技だけをやり続ける日本人高校生アスリートについて、同ヘッドコーチは次のように述べた。

「私はベースボールだけでなく、バスケットボールも真剣にやっていました。複数の競技をやることは、体の使い方やバランスなどアスリートにとっての伸び代を増やします。ボールを投げる、打つという動きにプラスアルファとなる筋肉の動きが出て来ますよね。

加えて、異なった競技を顔ぶれの違うメンバーとやることで、精神的にも鍛えられますよ。我がベースボール部員は、フットボール、レスリング、バスケットボールなども経験しています」

この高校のベースボールフィールドには、天然芝が敷かれていた。グリーンの芝の上で白いボールを追うところに、ベースボールの美しさがあると私は感じる。

メジャーリーグのドラフトにかかった人物からノックを受けたり、青空の下で思い切り芝を踏み締めることは、甲子園への道が閉ざされた若者に笑顔をもたらすであろう。わずか数日間であっても、純日本式の閉鎖的な高校野球から離れた、本場のベースボールを味わってほしかった。また、同じ競技を愛する同世代の若者と片言でも英語でコミュニケーションを取ることは、日本の高校生にとって大きな財産となったことだろう。

この時期、私の周囲にいた10人中10人が、日米の高校ベースボール交流に心を弾ませていた。日本の高校も校長が許可を出し、保護者も我が子の参加に目を輝かせていた。

しかし、我々の前に立ちはだかったのは、高等学校野球連盟という古き集団であった。

「単独チームでの海外遠征は認めないそうです。語学研修とか、違った名目で抜け道があるかもしれないのですが……」

X監督は残念そうに話し、私の提案は雲散霧消した。海外遠征はあくまでも高等学校野球連盟が舵を取り、高等学校野球連盟がGOサインを出した選抜チームでなければ認めないとのことだ。私はこの団体に直接理由を尋ねようとしたが、「高野連から睨まれると、ウチの高校が甲子園に出られなくなってしまうので、やめて下さい」とX監督から念を押された。

レッドカード❹

子供は**命令**では動かない

全国大会がないアメリカの高校スポーツ

東京の気温が1〜2度に冷え込むこともある2月中旬でも、アリゾナ州フィニックスは20度近い暖かさだった。フィニックス近郊では、この日からMLBのスプリングキャンプが始まっていたが、なるほどこの気候ならアスリートは動き易いだろう。

まだ新型コロナウイルスが世界中を覆い尽くす前で、国際線も普通に飛んでいた2020年2月14日のことだ。スカイハーバー空港から北へおよそ33キロの場所にある〈リーチ11スポーツコンプレックス〉という建物を目指して、レンタカーのハンドルを握る。

この日から4日間に亘り、「SC DEL SOL プレジデントデー・トーナメント」というサッカーの大会が催される。2020年で41回目を迎える同大会には、U12からU19まで男女合わせて計376チームが参加していた。アメリカ合衆国各地からフィニックスにやって来たそれぞれのチームは、州王者、もしくは州2位という顔ぶれである。

エントリーした376チームは全てクラブであり、日本の部活に該当するものではない。23チームによって争われる男子U17（2003年生まれの部）に、私の息子も出場することになっていた。彼の所属するチームは2019年5月にオレゴン州チャンピオンとなった。決勝の相手は、ドイツの強豪バイエルン・ミュンヘンとパートナーシップを結ぶチームであった。

　アメリカでは、ユースのクラブチームも高校の部活も日本の全国大会にあたるものが無いため、州大会決勝がファイナルとなる。あらゆるスポーツで、高校時代に燃え尽きなくてもよい。より上を目指すのであればプロ、もしくは大学で活躍しなさい、というのがこの国におけるアマチュアスポーツの考え方だ。

「SC　DEL　SOL　プレジデントデー・トーナメント」は、州の上位クラブが招待状を受け取り、希望するチームが参加費を払ってフィニックスに集っていた。息子のチームは確かに州で優勝したが、即、メジャーリーグ・サッカーの舞台でプロ契約を結べそうな選手は見当たらない。指導者もクラブのスタッフも「なるべく好条件で大学に行き、そこで自分を磨け」と語っていた。また、「252名もの大学の監督が試合を観に来る。いいアピールができればスカウトされるから、頑張れ!」とも伝えていた。

　フィニックスにはNFLのアリゾナ・カージナルズ、NBAのフィニックス・サンズ、MLBのアリゾナ・ダイヤモンドバックス、NHLのアリゾナ・コヨーテズと、合衆国4大スポーツ全てに属するプロチームがあり、なおかつボクシング界で伝説と呼ばれた元世界王者も住んでいる。スポーツを題材とした文章を書くことの多い私は、十数回、取材で当地を訪れていた。

南側がメキシコとの国境となっているアリゾナ州は不法移民として強制送還される人の数が年間79万人を超え、全米で三指に入る。現在もヒスパニック人口が50州のうち6番目に多い土地だ。

空港東側の一角に、ヒスパニックハーレムが広がる。低所得者向けアパートのベランダでは、上半身裸の男たちが椅子に腰掛け、酒を楽しんでいた。その日暮らしを続ける建設労働者のグループである。焼けた赤い皮膚に黒い髪。メキシコの血が流れていることが一目で分かる。ウィークデイの日中から、気ままに酒を飲んでいるということは、今日は労働にあり付けなかったのか。彼らのような、ブルーカラーとして日々の暮らしに追われている人の姿が自然と目に飛び込んでくる。

少しレンタカーを走らせると、壊れかけの小さな家がいくつも目に留まった。どれも、朱がかかった朽ち方をしており、この地の赤い砂を象徴していた。

息子を乗せたチームのバンよりも、私のレンタカーの方が早く試合会場に到着した。まず目を奪われたのは、その雄大さであった。

東京ドームの129倍にあたる1500エーカー（6・07平方キロメートル）の土地に、17面もの天然芝のピッチが敷かれていた。フィールドとフィールドの間には即席テントが設けられ、ミネラルウォーターやピザ、ドーナツを売る店、大会記念のTシャツやキャップなどを用意した出店が並ぶ。

色とりどりのユニフォームを着た選手の集団がボールを追い、歓声を上げ、あるいは会場内でウォーミングアップを繰り返した。ピッチの周りでは、我が子の応援に駆け付けた父母やチーム関係者が、持ち運び用の折りたたみ椅子に腰掛け、戦況を見詰める。高価そうな望遠レンズ付きカメラや、動画撮影機材を手にした人も多い。

「アメリカに戻りたい」と切望した筆者の息子

親子でこの地を踏み締めていることに、私は少なからず幸福感を覚えていた。安堵感と表した方が適切かもしれない。

息子はミニバスのチームを去った後、小学2年の夏休みから本格的にサッカーをやり始めた。4年生からはアルゼンチン人コーチの指導を受け、「サッカーこそ人生」という少年となる。体が大きかったこともあり、このコーチは小学5年生の息子を中学生チームで鍛え、6年次には、中1の試合にスターティングメンバーで起用してくれた。この頃になってやっと、彼は笑顔を見せるようになる。

充実したサッカーライフを送る一方で、息子は「高校からはアメリカに戻りたい。俺はアメリカ人なんだから、アメリカの教育を受けさせてほしい」と懇願するようになる。

「家族と一緒に暮らせなくなるけれど、それでもいいな?」

と訊ねると、「もちろん」という返事だった。私も妻も、彼の将来を考えれば、アメリカの高校に行かせるしかないという結論を出した。

7月生まれである息子を中学2年の夏にアメリカに戻せば、合衆国では高校1年生となる。この国は高校卒業までが義務教育であるため、授業料は全くかからない。日本の教育体系が6・3・3・4であるのに対し、アメリカ合衆国は6・2・4・4、あるいは、5・3・4・4である。小・中学校生活の長さは地域によってまちまちだが、高校が4年間であるのは共通している。

「勉強もしっかりやるから、チームを探して。サッカーは今まで以上にやりたい!」

息子からのリクエストを受けた私は、メジャーリーグ・サッカーの下部組織5チームにメールを出し、テストを受けさせてほしいと頼んだ。すると、2002年の日韓ワールドカップで活躍した鈴木隆行選手が在籍したことのあるポートランド・ティンバースから「どうぞお越しください。3日間、同世代のアカデミーチームに合流していただきます。合否はそれで判断します」なる回答が届いた。そこで、中1と中2の間の春休みに親子でポートランドに飛び、トライアウトを受けたのだ。

3日間、紅白戦を中心とした練習に参加し、ヘッドコーチに告げられたのは、「キミはG

ＯＯＤだ。でも、今、ここで契約はできない。更にじっくり見てみたいから、３ヵ月後でも半年後でも、もう一度受けに来てほしい」という言葉であった。

その時点で２００３年生まれのチームには25人の枠があり、全員が１年契約であった。毎年、キミはもうチームに残れないと告げられて外れていく選手と、新加入のニューフェイスがいる。誰かを蹴落とすまでではないが、落としはしないから再チャンスに賭けてみろ、とのことであった。

「高校生の本分は学業」がアメリカ流

今日、メジャーリーグ・サッカーには26のチームがあり、それぞれアカデミーと呼ばれるユースチームを持っている。アカデミーはアカデミー同士のリーグ戦があり、州王者は目指さない。

昨日までティンバース・アカデミーのユニフォームを着ていても、カットされた場合、選手は他のチームを探すこととなる。イーストサイド・ティンバース、ウエストサイド・ティンバースなど、いくつか系列のチームがあり、受け皿となっていた。

最終日の息子のプレーを目にしたイーストサイド・ティンバースのコーチが「ならば、ぜひ、ウチに来てほしい。この場で契約しましょう」と言ってくれ、入団が決まる。コーチはアメリカ代表として2試合プレーした人物で、このチームも1年契約であった。アカデミー同様、1年間のプレーを見て、翌年チームに残れるか否かが決まる規則であった。

息子は日本の中学を2年の1学期で〝中退〟し、2017年夏からアメリカで高校1年生となった。ホームステイ先から、高校とイーストサイド・ティンバースに通うのだ。クラブチームのシーズンは毎年11月から7月まで。まずは8月の中旬から10月の終わりまで高校のサッカー部でプレーし、直後からクラブチームのシーズンを迎えるのが、オレゴン州のスタイルであった。

高校サッカーは新学期開始前の8月中旬に入団テストがあり、バーシティーという名の1軍か、ジュニア・バーシティーと呼ばれる2軍、あるいは「ジュニア・バーシティーの練習参加のみ許す」という3つにグループ分けされる。

当初、親元から通っていない選手はいかなる運動部にも属せないと言われ、練習参加のみであったが、なぜかシーズン途中からジュニア・バーシティーに登録され、公式戦に出場するようになった。

「1回登録されてしまうと、シーズンの途中でジュニア・バーシティーからバーシティーに行くことは不可能。でも、フレッシュマン（1年生）は全員ジュニア・バーシティーだから、結構楽しくやっているよ」

息子はそう報告してきた。1年目は10試合に出場し、5得点した。2年目はバーシティーに上がり、2つ年上の4年生に混じってプレーして、4得点。州でベスト8に入った。イーストサイド・ティンバースでは州王者となり、手応えを感じたようである。

「学校もサッカーも最高に楽しい。日本にいた頃は制服だの校則だの、あれはダメ、これはダメと強制されることが多かったけれど、アメリカは全然違う。卒業に必要な科目は決まっているものの、授業は自分で選択できる。何点以上がA、何点以上がB、C、って決まっているから、自分が今、どんな成績なのかも分かる」

時折パソコンの画面で目にする息子の顔は、確かに生き生きとしていた。

高校の学期は前後期に分かれているが、1限目は数学、2限目はスペイン語、3限目は英語、4限目は社会……と、月曜日から金曜日まで全て同じタイムテーブルで学ぶこととなっている。そして高校生アスリートは、いかなる競技においても本分が学業であることを叩き込まれる。評定平均であるGPAが2・0を下回ると、どんなに素晴らしい選手でもチームにいられなくなる。Aが4、Bが3、Cが2、Dが1で、単位を落とした場合はF。GPA2・0を下回ってしまった場合に加え、一つでもF判定を受けたら、その瞬間にアスリートとしての登録を抹消される決まりであった。AAU（アマチュア・アスレティック・ユニオン）が、学生アスリートに対して厳しい条件を定めていた。

このルールなら、放っておいても学業が疎かになることはない。親としては、ＡＡＵの取り決めに拍手を送った。もっとも、ティンバース・アカデミーは、監督、コーチ、スタッフが一掃され、テスト形式ではなく全てスカウトによってメンバーを決めることになったため、再受験は立ち消えとなってしまった。

シーズンごとに違う競技をやるのが当たり前

アメリカの高校生アスリートは、複数のスポーツを掛け持ちするケースが多い。オレゴン州の高校で秋に行われる競技は、サッカー、アメリカン・フットボール、クロスカントリー、バレーボール、水球。冬はバスケットボール、レスリング、水泳。春がベースボール、ソフトボール、陸上、テニスとシーズンごとに競技が分かれている。

秋にアメリカン・フットボール、冬にバスケットボール部員として活躍した学生が、春にバットを握ることも珍しくない。高校のサッカー部のチームメイトの何名かは、冬にバスケットボール部、春に陸上部に入っていた。

サッカーのかたわら、１、２年次の春は息子もテニス部に所属した。イーストサイド・ティンバースのコーチ陣も、「練習や試合を休まれては困るが、他の競技をやることはサッカーにとってもプラスになるから大いにやれ！」というスタンスであった。放課後にテニスの練習をし、その後クラブチームでサッカーボールを蹴る日々も、2ヵ月強ならこなせた。

〈リーチ11スポーツコンプレックス〉のピッチに、赤いユニフォームに身を包んだイーストサイド・ティンバースのイレブンが現れた。息子のポジションはボランチ。小学生から高校2年の途中まではFWだったが、元アメリカ代表であるコーチの助言によってボランチにコンバートされた。

「あなたはスカウトですか？」

キックオフ数分前に背後から声を掛けられる。振り返ると、分厚いバインダーを持った恰幅のいい中年男性が立っていた。クリスチャン系私立大学のコーチだと名乗った。

「いいえ。選手の父です」

「あぁそうでしたか。各州の優勝メンバーが集まる大会ですから、我々にとってはいい機会です。じっくり見させてもらいますよ」

彼がバインダーを開くと、目の前のピッチに立つ選手のメンバー表が顔写真入りでファイルされていた。ウェイク・フォレスト、ジョージタウン、ヴァージニア、スタンフォード、デュークなど、サッカー名門大学はアカデミーの選手を獲得するが、当地を訪れた大学関係者はこのレベルの選手をスカウトするのだ。

「あなたのお子さんも声が掛かるといいですね」

と言うと、彼は微笑み、グラウンドに視線を向けた。

この日、息子はフル出場したが、コロラド州王者に0―1で敗れた。冷や冷やしたり、胸を撫で下ろしたり、「いけ！」と叫んだり、拳を握りしめたりと、応援するパパも平静ではいられない。

そんな中で印象的だったのは、相手チームもイーストサイド・ティンバースも、メンバー全員が試合に出場した点である。

トライアウトを受けてチームのメンバーとなっている以上、全員で闘うという暗黙のルールがあるのだ。選手によって出場時間の長短はあるが、日本のように補欠選手を応援団とすることはない。サッカーが好きなら、試合で真剣勝負させるのがアメリカ流なのである。

イーストサイド・ティンバースには同年代内に1軍から3軍まであり、2軍、3軍の選手もきちんと公式戦のピッチに立たせた。但し、オレゴン州外への遠征が認められているのは、1軍のみだった。

高校の部活動も然りである。全員が公式戦でプレーする機会を与えられる。バーシティーと呼ばれる1軍の他に、2軍、学校によっては3軍、4軍、1年生のみのチームが存在し、それぞれのカテゴリーでリーグ戦が行われる。つまり2軍には2軍の、3軍には3軍の公式戦があるため、選手はどこかで必ず試合に出ることができるのだ。日本のように、校歌を歌いながらチームメイトを応援するだけの学生など存在しない。

リーグ戦はホーム＆アウェイ方式である。アウェイゲームではスクールバスで相手校に乗り込む。短い出場時間しか与えられない選手もいるが、プレー時間がゼロには決してならない。

そして、最上級生にとってのホーム最終戦は「シニア（最上級生の意）ナイト」と呼ばれ、可能な限り最終学年の選手を使う。仮に選手としての能力が芳しくない学生でも「シニアナイトは頑張るぞ！」と、希望が湧く。また、「シニアナイト」では、試合開始前に監督が選手と握手を交わし、家族と共にグラウンドに立って花束を贈呈される。

選手が監督にストレートにモノを言える

0―1で敗れた試合後、汗まみれのユニフォームを片手に、悔しそうに私に歩み寄って来た息子の姿を見ながら、日本式よりも、はるかに健康的なサッカーライフを送れているな、と感じた。

翌日からの3日間〈リーチ11スポーツコンプレックス〉は、女子の会場となった。男子チームの試合は、〈リーチ11スポーツコンプレックス〉から東に15キロ離れた〈スコッツデール・スポーツコンプレックス〉で行われた。

〈スコッツデール・スポーツコンプレックス〉も、東京ドーム6個分の面積となる71エーカー（0・287平方キロメートル）に、天然芝のピッチが10面造られていた。至近距離にこれだけのサッカー施設が2ヵ所も存在するところに、アメリカサッカー界の底力を感じる。

とはいえ、アリゾナ州にはメジャーリーグ・サッカーのチームも女子のプロリーグに参戦しているチームもない。日本のJ2に値するフィニックス・ライジングFCがあり、かつ、アリゾナ州立大学の女子サッカー部がかなりの名門だとしても、これらの施設を使うことはない。幼児からユース世代を育成する場所として、優美な施設が建設されているのであった。

「天然芝のグラウンドはいいね。どれだけ走っても膝が痛まない」

雨の多いオレゴン州のピッチは、ほとんどが人工芝である。人工芝でのプレーと成長痛が重なり、1年強、息子は膝に痛みを抱えていた。彼もまた、17面、10面という壮大な競技場に驚いていた。

「SC　DEL　SOL　プレジデントデー・トーナメント」にやって来た大学の監督25名は、目の前の選手に食指が動いた際、すぐに所属チームの監督にアプローチし、大会後に本人に連絡を入れるようにしていた。

同大会を2勝2敗で終えた息子も、イリノイ州、アイオワ州、モンタナ州の私立大学からスカウトを受けた。彼はアメリカでのサッカーライフについて、次のように話した。

「日本人の指導者や教師は命令口調が多いけれど、こちらは必ずユーモアや笑いを取り入れる。高校の部活も上下関係が無い。監督と選手、先輩と後輩がきちんと会話できるんだ。選手が監督にストレートにモノを言える関係だよ。日本人コーチの多くは気楽に話せない雰囲気があるけれど、こっちは監督が選手個人の意見を聞こうとする。

チーム全体が、なれ合いのような付き合い方じゃなく、州王者を目指す緊張感を持っている。ミーティングでは試合の映像を見ながら、皆が発言し合う。先日は『ボランチとDF陣のスペースを埋めるべきだ』って声が上がって、『そこは俺がやるから、DFはラインを上げろ』とか『試合中のコミュニケーションが足りない。もっと声を出そうぜ』なんていう会話になった。とにかく、毎日が楽しいよ」

レッドカード5

問題だらけのパパコーチ

息子を変えたアルゼンチン人コーチの教え

Jリーグが産声を上げてから丸28年。サムライブルーは6大会連続でワールドカップに出場し、日本でもサッカーが国民的スポーツになった。少年団やクラブチームだけでなく、全国各地にサッカースクールが創られ、現在では、小学生たちが学習塾のように通う。ヨーロッパや南米の強豪国から来日するコーチも珍しくない。日本国籍を持つアルゼンチン人、セルヒオ・エスクデロもその一人である。

エスクデロは１９６４年2月10日生まれで、17歳にして母国でプロ選手となった。１９８3年にはU20アルゼンチン代表、１９９７年にはビーチサッカーアルゼンチン代表に選出され、アルビセレステスと呼ばれる白と水色の縦縞のユニフォームに袖を通している。母国を皮切りに、ボリビア、スペインと渡り歩き、現役生活の最後は浦和レッズに所属した。

実兄のピチは１９７9年に催されたワールドユース東京大会で、あのディエゴ・マラドーナと共に世界一となった右ウイングである。また、２０２１年4月22日までJリーガーとして栃木ＳＣでプレーしていたエスクデロ競飛王は実の息子だ。

私の息子が本気でサッカーを愛するようになった大きな要因に、このアルゼンチン人コーチの存在がある。

エスクデロは引退後、浦和レッズのジュニアユース、柏レイソル青梅のジュニアユース、埼玉栄高校、ロクFC、エルサルバドルのプロ1部チームFAS等で指導者のキャリアを重ね、現在は埼玉県のクラブチーム、トリコロールFCでコーチを務める。

2019年10月、エスクデロは自宅近所のフットサル場を借り、自身のスクールを立ち上げた。週に1回、小学生を指導中だ。その練習風景を覗いた。

レッスンは1時間。小学1年生から5年生の、計9名が参加していた。まず、ペナルティースポットにコーンを立て、その左右に3つずつ、合計6個のボールを横一列に並べた。そしてコーンの右側に置いたボールは右足で、左側に置いたボールは左足で、内側から順々にシュートさせた。シュートからシュートまでの移動は中央に設置したコーンを軸として半円を描くことを命じた。全員が右利きで、左足でシュートする折、上手くボールを捉えられない子がほとんどだ。

エスクデロは声を掛けた。

「よくボールを見てね」

「空振りして転ぶなよ」

「ナイス右！　左もその調子で」

「どうすれば左足でミートできるか考えるんだよ」

次に、コート内の5ヵ所にマーカーを並べ、細かいステップやサイドの動き、後ろ向きでの走り、ダッシュを行った。

3つ目のメニューは、バスケットボールのように手でドリブル、ボールを高く上に放り、落ちてくるまでに手拍子を10回やってからキャッチ、その後、前後に動きながら地面に置いたボールを足裏で10回タッチ、同左右に動きながら10回タッチ。外側から内側への跨ぎを10回。内側から外側への跨ぎを10回。バウンドリフティング、8つのコーンの間をドリブル、8つのコーンの前でダブルタッチしてドリブル、各々のコーンをドリブルで1周してから次に向かうことをインサイドで、またアウトサイドで。ドリブルでのリレー、寝かせたコーンを浮き球で躱《かわ》してシュート、ミニゲームなど、休むことなく課題が与えられた。

エスクデロは決して汚い言葉は吐かず、「素晴らしい」「いいね」「ナイス」という言葉を何度も使う。どの少年たちも白い歯を見せる。あっと言う間に60分が過ぎた。

「この時期の子供たちには、どれだけサッカーが好きになるかが重要なテーマです。飽きさせずに集中して練習させせないといけないので、ずっとボールに触らせます。今日は22のメニューを用意しました。中学生、高校生になれば走り込みも入れますが、なるべくボールを使うようにしています。どんな年代でも、サッカーは楽しいんだということを忘れてほしくないですね。特に日本人にはそれを味わってもらいたい」

実際、スクール生全員が笑みを浮かべて、迎えに来た親の車に乗って帰っていった。

小学生対象のスクールはビギナー向けにこういった内容にしているが、中、高と年齢が上がるに連れ、激しいサッカーを教えていく。埼玉栄高校で3年間指導を受け、JFLのラインメール青森、J3のヴァンラーレ八戸FCでプロとしてプレーした酒井大登は10代の日々を振り返る。

「入学前、高校の監督はガミガミ言って、選手を萎縮させてしまうものだ、なんていう先入観がありましたがセルさんは温かい人でした。中学時代、僕は攻撃の選手だったのですが、高校でDFになり、球際の激しさを身に付けました。セルさんからは『血を流すくらいスライディングして、激しくプレーしろ』と教わりました。

サッカーってそのくらいの気持ちで闘わないと勝てないですよね。また、勝つためには相手よりも走らねばならない。勝つことが楽しさを生みます。自分は5シーズン、プロとしてやらせてもらいましたが、セルさんの指導があったからこそです。アルゼンチン流のスタイルが礎になっています。厳しさのなかに喜びがありました。プロはいつクビを切られるか分かりません。生き残るためにどうすべきか、勝つために何が必要かを日々考えながら過ごしました。やるべきことをやる、闘う、ということを教えてくれたのはセルさんです。練習における1対1でも、絶対に勝つというメンタルが高校時代に身に付きました」

なぜ日本の子供はコーチに怯えるのか？

１９７８年、１９８６年と2度ワールドカップを制し、マラドーナ、リオネル・メッシを生んだ南米の強国、アルゼンチンからやって来たエスクデロは、日本サッカー界の問題点を常々感じる。

「サッカーって楽しいものです。でも日本では、コーチに怯えながらやっている子が多い。僕は、そんな光景を見る度に心を痛めてきました。20年以上もですよ。

例えば高校生の走り込みです。真夏の炎天下で、10キロメートルを何分以内に走らなければチーム全員が罰としてその倍の距離を走る、なんていうメニューを課していますが、間違った指導です。変なところで根性を付けようとしますよね。加えて、日本の高校ではフィールドプレーヤーとGKが同じ距離を走りますが、そんな練習は必要じゃないです。自分の100パーセントで頑張ればいいんですよ。ただ、体力がなければ試合で厳しいよ、というのは分からせなきゃいけない。だからスタミナが足りない子には、全体練習後にダッシュを20本やりなさい、30分ランニングして帰りなさいって、個別メニューを与えるべきなんです。僕はそうしてきました」

日本という小さな国のコーチライセンスで満足し、視野を広げずに己が教わったことをそのまま伝えている者を見ると、溜息しか出ないという。

「アルゼンチンのコーチライセンスと日本のライセンスは、非常に大きな違いがあります。僕が特に疑問を感じるのは体罰問題です。アルゼンチンで暴力を用いたら、指導者は続けられません。言語道断ですよ。それでも日本では基本的に、学校側が暴力監督を守るんですよね……。大した反省もさせないうちに、また指導する場所を与えてしまう。

さすがにもうプロの世界では無いでしょうが、今でも暴力を持ち込む監督がたくさんいます。高校サッカーの現場で何度も目にしました。そういう指導者に言いたいのは、選手を殴ったり蹴ったりすれば、その子の技術が上がるのか？　ということです。『シュートを外した子に監督が暴力を振るえば、次からシュートが決まるんですか？』『トラップをミスった子に蹴りを入れれば、その子は次からきちんとボールを収められるんですか？』。ミスをした原因を分からせ、課題を与えて練習させることが大事なんじゃないですか？　こんな類の指導者と付き合っていたら、選手たちはサッカーが嫌いになってしまいます。日本の子供たちはミスをすると、試合に出られなくなる。シュートを外したら怒られると、大人の顔色をうかがいながらサッカーをしていますす」

子供の前でタバコをふかすパパコーチ

エスクデロがスペインリーグ2部のグラナダに所属していた1988年9月1日、息子の競飛王が当地で誕生した。アルゼンチン人の父親が誰でもするように、エスクデロも息子にボールを買い与える。自分の父がそうしたように、サッカーのイロハも教えた。が、日本で子育てをするようになった頃、不安にかられる。

「うちの息子は、幼稚園に通っていた4歳の時に日本の少年団に入りました。翌年からは、小学1、2年生と一緒にトレーニングしました。僕はその頃、浦和レッズのジュニアユースを教えていたので、あまり時間がなかったのですが、上手くやりくりして何度か練習を見に行ったんです。お父さんたちが休日を返上してボランティア活動をしていることには感謝しましたが、正直なところ、練習メニューも教え方も良くなかった。全員ではないのですが、コーチが襟を立てて下品に歩いたり、子供の前でタバコをプカプカ吸ったりしていて、『どうなっているんだ』と思いましたね。『これで、我が子がプレーヤーとして伸びるのか？ダメになってしまうよ』と心配になったんです。日本の少年チームはサッカーを知らないボランティアのパパコーチがほとんどです。そして間違った指導法なのに、子供たちに優劣をつけてしまう。大きな問題です。

僕が息子にサッカーを教える時間があるかと言えば、やはり仕事があるので十分ではなかった。家族で話し合って、一家でアルゼンチンに帰るしかないという結論を出しました。親として、真剣に息子の将来を考えてのことです」

ゴールデンエイジとされる7歳から6年間、競飛王は父の母国であるアルゼンチンで生活する。

「僕も兄も最初はそうでしたが、競飛王にはまずベビーフットボールをやらせました。無論、街のチームのトライアウトを受けて合格しなければ入れません。ただし、大なり小なりチームはいくらでもあるので、どこかに所属できるんです。

6歳から12歳までが対象となるベビーフットボールは、フィールドプレーヤー5人、キーパー1人。狭いコートで20分ハーフの公式戦です。40分間でボールタッチは200回以上になります。8人制や11人制よりもボールに触れる回数が多いですね。そうやってアルゼンチンの子はサッカーを体で覚えていきます。田舎町の少年チームだとしても、指導者は必ずAFA（アルゼンチンサッカー協会）公認のコーチライセンスを持っています。預かった子に対して的確な言葉とコーチングで向かい合うんです。コーチも働きぶりが評価されないと1年で解雇されます」

サッカー王国アルゼンチンの育成方法

ボールを蹴る、止める、の基本技術から始まり、ベビーフットボールでもアルゼンチンならではの激しいサッカーが求められる。マラドーナやメッシのイメージから、アルゼンチンにはテクニシャンが揃っているような印象があるが、ベースは肉弾戦だ。

「国民性として、幼い頃から勝つことにこだわります。闘いを制さなきゃダメだ、という考え方です。タックルされて倒れているようじゃ勝てない。蹴られてもプレーを続けて、ゴールを目指す。1対1でも2対2でも、ボールを奪われずにシュートまでいく。ベビーフットボールの段階から、そんなサッカーを覚えていくんです。体の使い方、ぶつけ方も理解します。競飛王はベビーフットボールと並行して、10歳から11人制のチームにも入ってプレーしました。週に5回は練習か試合がありましたね。

また、子供たちは、ポートレイロと呼ばれるストリートサッカーも、日が暮れてボールが見えなくなるまでやります。子供同士のミニゲームでも、判定が間違っていたら喧嘩になります。『フリーキック早く蹴れよ！』なんて言葉が飛び交っていますよ。そうやって、メンタルも当たりにも強くなるのです」

プロサッカー選手を目指すアルゼンチンの子供たちは、13歳から様々なチームの下部組織を受験し、サバイバルを味わう。毎年、契約更新できる選手と、「もうキミはウチにはいらない」とクビを切られる選手がいる。通常、20歳までにプロ契約を結べないと解雇され、他のチームを探すしかなくなる。

「プロの下部組織なら、各学年におよそ30名の選手がいます。AチームとBチームに分かれて、毎週土曜日がAチームのリーグ戦。ベンチには入れても試合に出られなかった子は、翌日曜日のBチームの試合に出場できます。

アルゼンチンでは小学生の頃から厳しい競争があって、どんなクラブチームのセレクションに合格しても、1年契約です。1年で結果が出せない子は、翌年『さようなら』を告げられます。でも、契約更新されなかった子も、トライアウトに不合格だった子も、諦めなさいということじゃない。誰でも入れるスクールやアマチュアの地域クラブがあって、力をつければ認められます。どのチームもきちんと勉強して、AFAのライセンスを持ったコーチが指導します。そこに日本との違いがあるんですね。また、20歳でプロになれなかった場合も、3部リーグとかアマチュアのクラブでプレーして、プロに這い上がるケースもあります。ボリビアやチリ、エルサルバドルの2部のチームと契約する選手もいますね」

怒られながらサッカーをするなんておかしい

エスクデロは、日本で出会った選手たちに必ずアルゼンチン行きを勧める。激しい闘いの中で学ぶことこそ、成長に繋がるからだ。

「でもね……数週間単位で所属チームを離れたことが裏目に出てしまう場合もあるんですよ。春休みを利用してアルゼンチンに送り込んだある中学生が、現地の監督にほめられたロングシュートを練習試合で打った途端、僕の目の前でベンチに下げられたことがありました。本当に哀しかった。チャレンジする精神を否定し、型にはめようとする指導だったからです。そういう指導者の下では、伸びる子も伸びなくなってしまいます。闘える選手なんて、育つはずもありませんよ」

その中学生に対してエスクデロは、お前のプレーは間違っていないぞ。俺はチャレンジを評価する。俺が監督だったら交代なんて絶対にさせない、と声をかけた。

「全般的に日本の指導者は教え過ぎです。また、選手を怒ることが仕事だと勘違いしている人が少なくない。日本社会全体が、厳しい指導イコールいい指導みたいな錯覚に陥っています。アルゼンチンでは、若い選手や幼い選手を頭ごなしに怒鳴ったりはしません。マラドーナもメッシも、僕も、兄も、怒られながらサッカーをやったことなんてないですよ。

僕は日本に来て、幼児から大人までを指導していますが、『足裏を使ったら怒鳴られる』『股抜きしたら怒られる』『試合中にラボーナをやったらベンチに下げられる』『ミスしたら使ってもらえないかもしれない』と選手たちが指導者に恐怖心を覚えているさまに、つくづく失望しています。そういう日本サッカー界の土壌が、今の代表にファンタジスタがいない現状を作っていますね。それに、ストライカーだって育たない。シュートを外すと監督から怒られるから、打たずにバックパスしてしまう。幼い頃から、そんなサッカー観を植え付けられてしまっているんですね」

父親が危惧した競飛王だが13歳で日本に戻り、浦和レッズのジュニアユース、ユース、トップチームと進み、その後はFCソウル、中国スーパーリーグの江蘇、京都サンガ、蔚山現代FC、栃木SC、チェンマイ・ユナイテッドと渡り歩いている。

「アルゼンチンで指導者のS級ライセンスを取得する際には、心理学も勉強します。試合に出る選手だけでなく、メンバーから漏れた選手への接し方、モチベーションの上げ方、効果的な競争の仕方などをしっかり学習するんです。

ロシア・ワールドカップには、監督として4名のアルゼンチン人が出場しました。母国アルゼンチンを背負ったホルへ・サンパオリ、コロンビア監督のホセ・ペケルマン、ペルー監督のリカルド・ガレカ、エジプト監督のエクトル・クーペル、サウジアラビア監督のファン・アントニオです。彼らに共通しているのは、雰囲気作りが抜群に上手い点です。選手に自信を付けさせることに長けています。心理学を学習したうえで、それぞれの選手の心に響く言葉を掛けるから、評価を得ているのだと僕は感じますね。日本の指導者ライセンスにもぜひ、心理学を必須としてもらいたいです」

選手の気持ちが分からない指導者はいらない

アルゼンチンサッカー協会が発行するコーチライセンスには、S、A、B、Cと4種類あり、初級であるC級ライセンスを取得する時から心理学を学ぶ。その折、まず、選手一人一人の人間性を把握しろ、と説かれる。

「選手の気持ちが分からない人間に指導者は務まらない、という考えからです。皆が皆同じ接し方でいいわけありませんよね。6歳の子供なら遊びの要素を多く取り入れながら、勝利へのこだわりを芽生えさせるとか、思春期の子、反抗期の子とどう向き合って、いかなるタイミングで厳しい言葉を使うかとか、しっかり学ぶんです。

アルゼンチンでは選手の家族構成や親の仕事、生活ぶりなども可能な限り詳しく情報を収集します。ある選手がシングルマザーと暮らしていると聞けば、父親とは離婚したのか、死別したのか、もしそうなら死因が病死か他殺か、まで聞き取ります」

日本だとプライバシーの侵害と言われるであろうが、選手の人間性を知らなければ、きちんと付き合えないと考えるのがアルゼンチン流だ。

「この子は高い技術を持っているけれど、遠いところから通っている。何時間かけてクラブまで来ているのか。バス代は足りているのか。学校にはきちんと行っているか。麻薬はやっていないか。妙な友人はいないか。酒を飲んでいるか。タバコは吸っていないか。

あるいは、この子の家庭はきょうだいが多い。食事を腹一杯食べられているか。一日に何時間の睡眠を確保できているか、なども把握したうえでサッカーの指導を始めるのです」

エスクデロには、今でも忘れられない心理学の課題がある。

「自分が担当するチームにクラブの会長の息子がいて、チームメイトのバッグや衣類からお金を盗んでいることが発覚した。どうすべきか？　というケーススタディでした。クラブに報告するか、黙って自分で対応するか、その子を解雇するか、3つの選択肢から自分の答えを出して、話し合うのです。コーチも自分のクビがかかっているので、簡単には切れないぞと迷います。でも、彼を人間として叩き直すためには解雇が正解だという授業でした」

イエローカードを頻繁にもらうような子に関しては、「激しいプレーはいい。キミの闘争心は評価するよ。でも、1人減るとチームはどうなるかな？」というアプローチをする。この時の伝え方は、試合直後がいいのか、翌日がいいのか、チームメイトが見ている前で話すのか、あるいは2人きりになった時に告げるのか、といった内容の講義を受ける。

また、貧しさに喘ぎ、食べ物欲しさに盗みを働こうとした選手には、「キミは貧しいようだが、クラブを代表して闘う人間だ。今後、大きなチャンスを摑めるだろうから、死に物狂いでやりなさい。早くお金を稼いで親に楽をさせてあげなさい」と希望を持たせて、脇道にそれないように指導することが求められる。クラブに掛け合って、食事のサポートを受けられるように計らう。その時の切り出し方も、講義の題目に入っていた。


エスクデロが日本のあるジュニアユースを指導していた頃、学校にほとんど通わない問題児がいた。彼はしょっちゅうトラブルを起こしたが、チーム一の点取り屋だった。自信のある彼は、監督の言葉にほとんど耳を貸さず、練習にも平気で遅れて来た。

何度も話し合いの場を設けたが、この少年の素行は改善しなかった。ある日の練習で彼の暴言を聞いたエスクデロは「今日はもうこれで終わりにします」と練習を途中で打ち切る。

「僕も怒らなきゃいけない時があります。この時は、コーチの言う事を聞かない一人のせいで、皆が迷惑するんだと考えさせるのが狙いでした。この年代ならチーム内で監督の目を盗んで虐めがあったりもしますよね。だからこそ、選手とコミュニケーションを密にとって、不穏な空気を摘み取ることが大事になります。これも心理学を学習したことの応用です」

件の少年は高校でもトラブルを起こして中退したが、大検を受け、大学の体育会でサッカーを続けた。青年となってワインボトルを片手にエスクデロの前に現れ、「中学時代はお世話になりました」と頭を下げた。

「僕の真意が伝わったようで、嬉しかったですね。アルゼンチンには中学も高校も部活動が無く、サッカーはすべてクラブチームでやります。勉強は学校で、躾は家庭で、サッカーはクラブでと分かれているんです。日本で高校のサッカー部に入ったら、タバコを吸おうが、万引きしようが、傷害事件を起こそうが数ヵ月間謹慎するだけで3年間プレーできますよね。その甘さと、学校での人間教育とサッカーの技術指導を変に絡めてしまう点が、問題だなと感じます」

教員監督の中にはおよそ指導者には向かない人物もいる。

「サッカーは進化していますから、指導者も学ばなきゃいけない。日本のコーチライセンスで満足せずに、海外の強豪国の指導者ライセンスを取る人が出てこなければ発展はないと思います。僕が絶対に止めてほしいのは、監督が選手に『ヘタクソ』『死ね』『サッカーやめろ』なんてひどい言葉を使うことです。アルゼンチンでそれは絶対にありません。サッカー選手として、選手が伸びる最大限の方法で教えないといけません」

暴力指導がなくならない理由

２０１９年10月10日、日本特有の暴力指導が高校サッカー界で発覚した。鹿児島県の私立、出水中央高校の監督が練習試合中に選手を呼び止め、左太股に蹴りを、その直後に右頬に平手打ちを放った。動画がネット上にアップされ、大きな話題となった。

同監督は力一杯、右足のキックと左手でのビンタを選手に見舞っている。軽い暴行などといったレベルのものではなく、被害者学生は右頬を張られた後、腰からグラウンドに崩れ落ちた。ボクシングで言えばクリーンヒットされた後のダウンである。

この映像を目にした元日本代表の戸田和幸は「未だにこんな事が行われているとは。信じたくない動画です」とツイート。日本サッカー協会会長を務め、Ｊリーグを立ち上げた川淵三郎もツイッターで「こんな指導者を長い間放置してきたサッカー界は深く反省しなければならない。皆さんに不快な思いをさせて誠に申し訳ありません。という言葉だけでは済まない気持ちです」と書いた。

一方で出水中央高校のホームページには、こんな美辞麗句が並ぶ。

〈部活動については、本校の建学の精神である「和」を基調とし、個の能力に応じた努力を重ねることで培われる主体性・自主性・協調性あるいは忍耐力などは、技術の向上は言うまでもなく、学習意欲の向上にもつながるものであり、学校教育が目指す資質・能力を高め個性豊かな人格の育成に役立つものと考える。〉

そして、サッカー部、野球部、駅伝部、吹奏楽部を強化部に認定し、「適切な指導」として、〈生徒の健康管理に留意するとともに、事故防止・事故発生のリスク軽減に努める。また、体罰やハラスメント行為の禁止は言うまでもなく、短時間で効率的・効果的な指導に努める。〉とある。

その後、この監督は解任され、コーチを務めていた人間が昇格してチームの指揮を執るようになる。強化部と謳うだけあって、近隣の優秀な選手を集めているのであろう。同年の全国高校サッカー選手権大会鹿児島県予選において、出水中央高校は決勝まで勝ち進んだ。

人間としての尊厳を奪われ、旧日本陸軍顔負けの指導を受けながらも、全国大会に出場したいとひたすら耐える生徒たちが不憫でならない。彼らは視野が狭く、監督の指示に従うしかないのだ。

幸いなことに、このケースはネットの発達によって同監督の真の姿が露になったが、隠蔽された同様の事件は無数にある。私は全国大会を複数回制した古豪高校の主力部員が、3年生の夏に退部していく光景を目の当たりにしたことがある。

世間から名将と呼ばれている監督が、自分が履いていた革靴を脱ぎ、主力選手たちを叩くのだという。また、至近距離からボールをぶつける指導も続いていた。

「もう、耐えられません。こんな部活にいられませんよ」

全国高校サッカー選手権大会の決勝まで勝ち進んだとしても、残すところ半年というところで、彼の気持ちは折れた。私は暴行を記事化することで、この監督に反省を促そうと考えた。だが、彼の父親が拒んだ。

「我々にとっては終わったことなのです。息子は気持ちを切り替えて受験勉強に専念すると言っていますので、いまさら、事を荒立てたくない。どうか、そっとしておいて下さい」

この父親は、電話口で繰り返しそう言った。

アメリカやアルゼンチンならば教員が暴力指導を行った時点で、即、傷害事件として立件される。しかし、日本では警察に通報するわけでもなく、この父親のような判断を下す保護者が大半であろう。学校に弓を引いた結果、内申書に妙なことを書かれはしないか、あるいは進路を決める際に不利な影響を及ぼさないかと不安になるのだ。

競技にかかわらず、高校生アスリートの保護者たちは「子供を人質に取られている」という言葉を頻繁に使う。日本では、スポーツを通じた人間教育が、「社会に出てから理不尽な仕打ちにあっても潰されないメンタルを築き上げる」こととなっている節がある。そこに、本来のスポーツの喜びはあるのだろうか?

レッドカード❻

なぜ日本人は「**バックパス**」するのか

日本の選手が「受動的」になる理由

出水中央高校の暴行動画を目にしたエスクデロは、次のように述べた。

「あり得ない指導です。彼に監督の資格は無いですね。皆、サッカーが好きだから部活に入って、選手権に出たい、全国大会で活躍したい、あるいは県のトップを目指すのは難しいけれど、自分のレベルで最大限頑張ろうっていう気持ちで汗を流しています。そういう子たちの純粋さを砕いてしまっていいんですか？

せっかく日本でもサッカーが人気スポーツになったというのに、こういう指導者の意識を変えていかないと、日本のサッカーはいつまでたっても世界の強豪になれないと僕は思います」

エスクデロは、選手が指導者に絶対服従を強いられている日本の状況が、代表チームをも浸食していると話す。

「サッカーと出会った幼少期の頃から、『コーチが怖くて仕方ない』という風土が受動的な子ばかりを生んでいる。自分の頭で考えてプレーすることや、ファイトする選手が見当たりません。

現代表チームも五輪代表チームも、日本の問題点を露呈していますね。勝負をせずにセーフティーなプレーを好んでいる。2019年3月22日のコロンビア戦（0―1）も、同年11月19日のベネズエラ戦（1―4）も、12月18日の東アジアE―1サッカー選手権における韓国戦（0―1）も、まるで良いところなく敗れました。2020年10月のカメルーン戦（0―0）、コートジボワール戦（1―0）、11月のパナマ戦（1―0）も、ちぐはぐなプレーに終始していましたね。悪しき日本の伝統を象徴するかのような代表に、心底、ガッカリしました」

1992年に来日して以来、日本のサッカーを見続けてきた彼は、その歩みを冷静に見詰める。

「1993年にJリーグが産声を上げて、今シーズンで29年目ですか。J1で活躍すれば、そこそこの財を築けるし、注目もされます。たとえばJ1のチームに在籍し10年レギュラーを務めれば、ある程度の金銭的な成功を得られます。だから選手たちが、それで満足してしまっているように見えますね。

危機感の無さや上を目指そうというスピリッツの欠如が、海外の強豪国との埋まらない差を生んでいます。僕に言わせれば、日本は飽食の国、豊かすぎる国です。世界と比べたらまだまだ力量は下なのに、いい給料をもらってすごい車に乗って、きれいな奥さんと素敵な家に住めたら、どうしたって向上心は失われていきますよ」

日本代表チームに足りないもの

エスクデロは日本代表チームの強化にも苦言を呈した。

「今日、文化として、ようやく日本社会にサッカーが根付きました。代表の試合はチケットが売れるし、テレビ放送も地上波が付くし、街にはいくらでもサッカースクールがあります。この流れを止めずに、次のカタール・ワールドカップではベスト8以上に食い込めるように、サッカー界全体で頑張っていく必要があるでしょう。

それなのに、代表チームは親善試合で弱い相手を日本に呼んで『勝った!』『勝った!』とやっている。あれで強化と呼べるのかと、疑問に感じます。強豪国とアウェイで戦う強化を期待します。世界トップの国に行ったり、呼んでくるのが難しいなら、お隣の韓国のフル代表と練習試合をやればいいじゃないですか。ライバル同士ですから闘争心を剝き出しにしたゲームになるでしょう。何が通じて、何が通じないかも分かると思います」

1986年以来、ワールドカップでは優勝できていないが、アルゼンチンの代表チームの育て方には一日の長がある。

「アルゼンチンでは、国内組を集めた2～3日の合宿を、毎月のようにやっています。言ってみればB代表です。そのB代表と国内のクラブが練習試合をやって、いい結果を出した選手はヨーロッパ組が帰って来た折に、彼らと共にA代表に選出されるんです。日本代表も、もっとB代表を充実させて取り組んでいく必要がありますよ。

日本サッカー協会は指導者のS級ライセンスやA級ライセンスのために厳しいプログラムを組んでいると言うでしょう。『そのくらいで満足せずに、世界トップの国でS級を取って来い』と思います。これまでに異国で指揮を執った監督って、岡田武史さんと西野朗さんの2人くらいですね。もっともっと、海外に出て、言葉の問題、文化の違いを味わいながら、日本の立ち位置を冷静に捉える人が出て来なければいけない。そこで、自分たちの間違いに気付いてこそ、進歩に繋がります。選手も指導者も、映像を見るだけでなく、どんどん海外に出て行って現場で挑戦しなければ。何が足りないかを思い知らされなければいけません」

南米で成功する選手の多くは、貧困家庭の出身である。サッカーで生活できなければ、3度の食事にありつけない、といったレベルも珍しくない。

「南米には、アルゼンチンかブラジルのクラブで活躍して、ヨーロッパに渡って大金を得る、という図式があります。ウルグアイやコロンビアからダイレクトでヨーロッパのクラブに移籍するのは、なかなか難しい。まずは南米の2大強国で頭角を現す必要がある。サッカーを職業にできなければ、貧しい暮らしに戻るしかないから、選手は飢えた状態を長く保てています。

日本の高校サッカーは派手にテレビが放送しますが、南米においてU18のクラブ選手権が騒がれることは無いですよ。プロじゃないし、世界にも追いついていないんですから……。あんな調子でワーワーキャーキャーやっていたら、選手はどうしたって勘違いしてしまいます。プロで成功してやる！　といった覚悟が今の日本代表からは伝わって来ません。もちろん、指導者からもです。どこかで変化をもたらさなければ、日本はアジアのライバルからも取り残されてしまうでしょう」

アルゼンチンサッカーもワールドカップを掲げるまでに、敗北と反省の歴史があった。それを糧としたからこそ、世界の強豪になれた。

「我が国のサッカー界に革命を起こしたのは、ワールドカップ初優勝時の監督、セサル・ルイス・メノッティです。彼は１９７０年にドイツに留学したんですよ。当時のアルゼンチン選手は、高い技術があってもちょっと腹の出たような選手が普通にいました。でも、ドイツ人選手にそういうタイプは見られなかった。メノッティ自身もアルゼンチン代表のFWでしたが、およそ1年間ドイツで学んだことを母国に還元したのです。それでも１９７０年のワールドカップは出場を逃しましたし、１９７４年大会はオランダに0―4で敗れています」

メノッティはオープンスペースを有効に使う攻守の切り替えの速いサッカーを確立し、まずはウラカンを率いて１９７３年にアルゼンチン国内リーグを制した。メノッティがドイツに渡る前は国内リーグ1部のプロチームであっても、週に2回の練習、週末に試合といったスケジュールだったが、週に6回鍛えることで、ポッチャリした体型の選手はいなくなる。無論、走力も格段に上がった。その後、メノッティは代表監督に抜擢され、母国を1978年ワールドカップ優勝に導くのだ。

メノッティのスタイルが浸透する前は、ジュニアユース、ユースも週2回の練習だったが、今日、どのチームも休日は週に1度のみとし、サッカー漬けのスケジュールを組んでいる。

エスクデロは力を込めて語った。

「日本サッカー界も、どこかで改革しなきゃいけない。そして、育成年代の選手、彼らの親御さんは、真剣にチームを選ばないといけません。とにかく可能な限り情報を集めることが肝心です。中学の部活で顧問の指導力が足りないならクラブチームを探せばいい。高校の監督と合わなかった場合は、日本にはあまり多くはないけれど、やはりクラブに移ればいい。サッカーが好きで好きでたまらない子なら、海外に行く道だっていくらでもありますよ」

「個を伸ばす」ブラジルサッカー

ブラジル人であるジョノ・ヴァイスは現在、1ヵ月に8試合のペースでJリーグのスタディアムに足を運ぶ。Jリーグ入りを希望する母国の選手に、情報を送るためだ。何度か記者席で隣になった。

ヴァイスもまた、この世に生を享けた1991年3月10日に父親からサッカーボールを贈られ、父と共に3歳からボールを蹴って育った。翌年、街のチームに所属した。

「一日に2時間くらいの練習が、週に3〜4回ありました。最初の1時間強はドリブル、パス、クロスボールからのヘディングシュートなんかをやり、その後の45分くらいはゲームでした。基礎練習ではコーチが軸足の位置とかフォームなど色々教えてくれますが、ゲームは自由でしたね。5対5、6対6から始まり、成長するに従って11対11に近付いていきました。どの子も自分のアイドルとか、チームメイトの真似をすることで上達します。

今、振り返れば、コーチは全員に一通り全てのポジションを経験させて特性を見極めたうえで、個性を伸ばすように接していました。『キミは破壊力抜群のDFだね。相手の骨まで削ってしまうよ』なんていうジョークが飛び交っていて、温かい雰囲気でした。日曜日は公式戦でした」

一部のエリートは、プロの下部組織に入っていく。

「ブラジル人は『サッカーは楽しいものだ』ということを決して忘れません。もちろん、試合も練習も死に物狂いでやりますよ。でも当然、負けることだってあります。アマチュアのうちは、あまり勝負にこだわらずに、ロマーリオのようなシュートを打ってやろうとか、ロナウジーニョのようなドリブルができたぞ！　という具合に個が伸びていきます。幼児から大人まで、常にボールを蹴る喜びを忘れません。だからワールドカップ優勝5回を誇る、世界の強豪なんだと思います」

ヴァイスは父の仕事の関係で16歳にしてアメリカ合衆国コロラド州の公立高校に転校し、サッカー部で活躍した。

「すぐにバーシティーに入りました。シーズン中は学校が始まる前の午前7時から9時まで、放課後の午後3時から5時までと2部練習で、かなり気合が入っていましたね。サッカー推薦でアメリカの大学に進学する選択肢もあったのですが、授業料が高すぎて……父に『とても払えないから、母国の大学にしろ』って言われたんですよ」

と、彼は笑う。

祖国に戻り、パラナ大学に進学した。在籍中、1年間、韓国に留学している。その際、韓国の大手企業、サムスン、ヒュンダイ、ロッテなどの社史に触れた。パラナ大を卒業後はコンサルティング会社に就職し、3年間アジアを担当する。2017年、より大きなアジアマーケットである日本の経済を学ぼうと東京大学大学院に入学。経済学で修士を取った。すべてが英語で行われる授業は、楽しくて仕方なかったという。

「たとえばトヨタと日産、日立と松下電器、三菱ＵＦＪ銀行とみずほ銀行など、同業ライバル社との競争が企業を発展させた過去や、将来的には手を取り合って共同開発をしていくであろうという現状など、ものすごく勉強になりました。また、日本人の勤勉さ、他者を尊敬する姿勢、年配者を立てる様にも惹かれます。治安も良く、とても暮らしやすい国です」

日本人に染み付いた「バックパス文化」

２０１９年に赤門を巣立ってからは、エンジニアとして働くかたわら、ブラジルサッカー界のスカウトとなった。

ヴァイスは語る。

「Ｊリーグ創成期は、鹿島アントラーズで10番を着たジーコをはじめとする各国のベテラン選手が日本にやって来ましたね。ビスマルク、アルシンド、レオナルドのようなバリバリのブラジル人選手もいましたが、引退間際の選手も多かったでしょう。

でも今は、22歳くらいの若手ブラジル人が日本行きを希望します。コリンチャンス、フラメンゴ、サンパウロ、グレミオ等のトップクラブではなく、中堅以下のクラブに所属している選手は、なかなかブラジルの市場に自分の名が載りません。ケガをしたら選手生命は絶たれますから、健康的にキャリアを積みたい。可能な限り長く現役でいたい。ブラジル国内のビッグクラブやセレソン（ブラジル代表）、ヨーロッパへの移籍は諦めたけれど、まだサッカーで稼ぎたいという20代前半の選手にとって、日本はとても魅力的なんです」

Ｊ１のチームで最低年俸が８００万円、Ｊ２で４００万円が基準になっているという。

「今、僕の手元にはＪリーグ入りを希望する３００名ほどのブラジル人選手のリストがあります。クラブにとっては若い選手を海外に送る移籍金が大きな収入になります。日本は経済がしっかりしていて、約束した金額が未払いなどということはまずありませんから、ビジネスパートナーとして非常に安心です。

ブラジル人の目から見れば、Ｊリーグのレベルは低いです。でも、ケガをせずに長くプレーできるリーグとして好まれるんですね。また、ファンも温かい。僕も感じていますが、選手にとっても住みやすい国ですよ」

そんなヴァイスも、日本のサッカーに警鐘を鳴らす。

「僕が信じられないのは、バックパスが多すぎる点です。特にゴールを背にしたＦＷの選手がパスを受けて、簡単に味方に下げてしまう。ブラジルではまず見られない光景です。いくらＤＦを背負っていてもＦＷならば、ターンしてシュートを打ちます。小さな子供だってそうしますよ。どのポジションの選手も、常にゴールを意識しています。ゴールに向かってシュートするのがサッカーの基本じゃないですか。『何をやっているんだ！』と叫びたくなりますね。

9番（センターフォワード）の選手がサイドにはたいただけで、『そんなプレーじゃ何も生まれないよ！』と言われるのがブラジルです。日本はサイドパサーじゃなく、バックパスの文化が染み付いてしまっています。何度Jリーグを見ても、僕にはそれが理解できません。セーフティーにセーフティーにプレーする選手が多く、オリジナリティに欠けるんですよ」

ヴァイスもまた、バックパスを得意とする日本人選手が大量生産された理由として、シュートを外すと怒鳴られる日本の小学生の現状を嘆く。

「日本人にも知られている我が国のスターたち——セレソンの10番なら、ペレ、リベリーノ、ジーコ、リバウド、ロナウジーニョ、7番ならガリンシャ、レナト、8番ならソクラテス、カカ、9番ならカレッカ、ロナウド、11番のロマーリオ——と、彼らは何本シュートを外しても打ち続けました。100本シュートを外したって、次で決めればいいんです。そのうえで、彼らには巧さと強さがありました。今挙げた歴代のスター選手と比較すると、現在の背番号10、ネイマールはブラジル国内でそれほど人気選手ではありません。なぜかと言えば、ピッチで頻繁に倒れるからです。セレソンのスーパースターは、対戦相手から激しいスライディングやハードなタックルを受けても、それらを封じ込めてゴールに向かう強さを見せました。ブラジル国民はそんな姿に熱狂したんです。

日本の子供たちも、ブラジルに憧れている子が多いですよね。ならば、セレソンの選手がシュートを外しながら、何度も失敗を重ねてあそこまで辿り着いたことを忘れないでください。そして、どんなに監督に罵声を浴びせられても、自分の信念を曲げない強靭な精神と、ファールされても簡単には倒れない身体を作ってもらいたいです」

日本の若者も海外に目を向けるべき

ヴァイスは、本気でサッカーで勝負したいのであれば、やはり海外に目を向けるべきだと言った。

「Jリーガーになりたいブラジル人が数多くいるように、僕の母国で日本は愛されています。希望するなら、いくらでもブラジルのクラブに挑戦できます。納得のいかない指導者の下でガミガミ言われながらサッカーをするくらいなら、ブラジルに挑戦したっていい。日本のレジェンド、カズ（三浦知良）さんもそうしましたよね。学業はある程度必要でしょうが、例えば通信制の高校を選択してブラジルでサッカーをするという手もあるでしょう」

ヴァイスは、日本に最も溶け込んだブラジル人として、ジーコを挙げた。

「セレソンの10番として実力も人気もペレの次だった彼が、なぜ、日本なんかに行くんだ?

とブラジル人は首を傾げたそうです。〝そうです〟と言うのは、ジーコが日本に渡った1991年は、僕が誕生した年なので、後になって知らされたからです。当時、彼はスポーツ大臣だったんですよ。しかも、日本のトップでもない、2部リーグの住友金属に入団しました。そこで、伝道師のように日本人にサッカーを教えていったんですね。

ジーコは当初、日本の指導法に面食らったそうです。選手はコーチに命じられた通りに動かねばならない。でも、試合では予期せぬことが起こる。習ったことしかできない日本人選手には、独自の発想がない。想像力がない。また、試合中、周囲に指示が出せない。角が立つと感じてしまうのか、主張がない」

ジーコは一選手でありながら、首から下げた笛を吹いてコーチングするようになった。

「Jリーグ発足後、鹿島アントラーズが強豪になったのは、ジーコがプロサッカー選手とは何であるか、を叩き込んだからです。基礎的な技術はもちろん、プロとしての戦う姿勢、誇り、練習開始時間までの過ごし方、暴飲暴食を避けること、スナック菓子を食べない、更衣室では選手一人一人にロッカーを与える、マスコミを利用して対戦相手を挑発するな等、一つ一つ伝えたんですね。

現在も鹿島アントラーズの人間として監督に助言し、チーム内で強い発言権を持っている。2020年のシーズン開幕後は苦しみましたが、ジーコのスピリッツが継承されている限り、アントラーズが大きく崩れることはないと思います」

サムライブルー監督としてのジーコを評価しない日本人が多いことをヴァイスにぶつけると、こう応じた。

「代表に選ばれるほどの選手には、多くを語る必要が無いという判断だったのです。手取り足取り教えなくても、適応可能だろうと。ジーコ自身がフラメンゴに在籍していた1978年に、コウチーニョ監督から『私は選手を信じている。だから、グラウンドに立ったら、お前たちの判断でゲームを作れ』と言われていますから。ブラジルはセレソンもクラブも、スタイルを徹底的に各プレーヤーに浸透させます。アントラーズでのジーコはそうしていますが、日本代表では彼の真意が伝わらなかった……。

ドイツ・ワールドカップのクロアチア戦前に、日本代表の主将だった宮本恒靖の、『守備は引いて守るのか、前からアタックしていくのか、監督が決めて選手に伝えてほしい』なる発言に失望したんですよ。4年間率いて来て、この期に及んでそんなことも選手間で決められないのか。ワールドカップを戦うプロの集団が後の無い状態に追い込まれて、いまさら指示を仰ぐのか、と。結局、自分で考えてプレーし、チームのために各々が意見を交わしてまとまる、ということができなかったのです。僕が聞いても、宮本の発言はとてもプロとは思えません。ブラジル人にとっては、お笑い草でしかありませんよ。宮本の一言は、ジーコが持っていたナショナルチームの概念を粉々に壊してしまったのです」

神様・ジーコが残した教訓

ご存知のように2006年のワールドカップで、ジーコ・ジャパンは第1戦のオーストラリア戦で逆転負けを食らい、クロアチアと引き分け、最終戦のブラジルでも先制しながら完膚なきまでに叩きのめされた。

「それでも、ジーコは日本での仕事を終わらせていません。鹿島のテクニカルディレクターだけでなく、リオデジャネイロに自身のサッカースクールを立ち上げ、大会を企画して、毎年のように鹿島のユースや他の日本のチームを出場させています」

世界のスーパースターだったジーコが、アジア予選も突破できなかった時代の日本において、2部リーグのチームに加入したのは、今もって驚きだ。土のグラウンドで、自らの要求に応えられないチームメイトを前に、悩むことばかりの日々だった。

「日本人コーチはジーコからもそうですが、もっともっとサッカーを学習する必要がありま す。ワールドカップに6大会連続で出場できるほどに進化したんですから、即刻バックパス文化をなくすべきです。また昨今、Jリーガーになることを最終目標とする選手ばかりなので、もっと高い目標を掲げ、世界の強豪国で活躍してやる！　という強い気持ちを持ってほしいです。それが、日本サッカーの成長に繋がると僕は感じますね」

出水中央高校の暴力監督の映像には、ヴァイスの目も点になった。

「これはトレーニングではなく、犯罪です。彼は何一つ、サッカーが分かっていません。もしブラジルで同じことが起きたら、逮捕されて永久追放です。どうすれば選手が伸びるか、モチベーションが上がるか、闘えるか、の知識があるからこそ、コーチの職に就けます。ブラジルでだって、日常的に選手はミスをしますよ。そこでコーチは『どうして、そこにパスを出したの？』という風に選手に原因を考えさせます。それがコーチングじゃないですか。

馬の手綱のように暴力を用いて選手を扱う人間がいるうちは、日本のバックパス文化は消えないでしょうね。大変、心が痛みます。それにしても、この男は一体どんな教育を受けたのでしょうか」

ブラジルのコーチライセンスも、最大のライバルであるアルゼンチン同様、心理学が必須だ。

「被害に遭った高校生はチームを変わるべきです。ブラジル選手なら間違いなくそうします。日本は高校を退学する以外に選択肢がないのでしょうか。複数のチームに所属することが可能、というルールになればいいんですがね。様々な監督と接することで、プレーにも幅が出るように感じます」

未来への提言❶

練習は「量より質」

アメリカの第一線で働くトレーナーの証言

メジャーリーグ・サッカー、ポートランド・ティンバースのトップチームでアスレティックトレーナーとして働く北川太一（36）は、2014年にオレゴン州立大学大学院を卒業し、同チームで大学院生助手アスレティックトレーナーとしてキャリアを積んだ後、現在のポジションを得た。

アスレティックトレーナーの基本的な役割とは、ケガの予防、評価、処置、そしてどのようにリハビリをさせて選手を競技に戻すかだ。

国家認定試験をパスしてプロのアスレティックトレーナーになるには、CAATE（Commission on Accreditation of Athletic Training Education）から認定されたプログラムを持つ4年制の大学を出る必要がある。資格自体は4年制大学在学中に取得したが、アメリカ社会において日本人はマイノリティーであるため、院卒でなければ太刀打ちできないと感じ、北川はマスターに進んだ。

北川が学んだ修士課程でも心理学は必須だった。

「大学院でスポーツ心理学を履修しました。教室には、様々な種目のコーチが学生としてやって来ていました。選手と向かい合う時、どんなアプローチをすべきかを文献や具体例を前にしながら学ぶんです。そのうえで現場に出ます。とても身になるいい勉強でしたよ」

レッドカード❺でセルヒオ・エスクデロが語ったように、北川が通った大学院でも「人間は叱られては伸びない」ということを叩き込まれた。

「一番印象に残っていて、今でも実践で活かせているものが、スポーツ外傷に対する心理的反応の段階モデルです。アスリートがケガをした折、否認→怒り→取引→抑鬱→受容の順に心理変化することが多い。キューブラー・ロスが唱えた『哀しみの5つのステージ』が、スポーツ外傷時の心理的反応でも見られるという考えが源となっていました」

1926年にスイス、チューリッヒで生まれた精神科医のエリザベス・キューブラー・ロスは、チューリッヒ大学を卒業後、アメリカに渡り、ニューヨーク、コロラド、シカゴの病院に勤務した。現場での経験をベースに、余命幾ばくもないおよそ200名の患者との対話を重ね、1969年に著書『On Death and Dying（死とその過程）』を刊行している。同作品は末期医療に携わる人間にとって、聖書とも呼ばれる。

ロスの研究によれば、医師から回復不可能であるという事実を告げられた際、多くの人間は「そんなことが、自分の身に起こるはずはない」と「否認」する。仮に自身のレントゲン写真を見せられても、「何かの手違いで他人の物が私の物とされたにすぎない」と感じ、誤診と信じ込むのだという。

そんな第1段階を経て、次に「なぜ、自分がそんな目に遭わねばならないのか？」という「怒り」、激情、妬みなどの感情に支配される。その後、人は「私を救ってくれ」と、どうにかして延命しようと神や信仰に縋るようになる。つまり、神と「取引」することに挑むのだ。が、患者たちの病は進行し、否が応にも死を感じざるを得なくなる。喪失感に見舞われ、「抑鬱」状態に陥る。

そして生に対する一縷の望みを持ちながらも、感情を失っていく最終段階が訪れ「安らかに眠りたい」と現実を「受容」するようになる。これらの5段階を精神医学の世界で、防衛メカニズムと呼ぶ。

北川はケガをした選手に寄り添いながら、折に触れて5つのステージを思い出す。

「大学院生だった頃、オレゴン州立大学のアメリカン・フットボールチームでリハビリに励む選手たちと接しました。5つのステージは、とても実践的な学びでしたね。例えば最終学年の選手が大きな怪我をしてしまうと、そのシーズンを棒に振りかねない。そのうえ、次のステップであるＮＦＬでプレーする道も閉ざされる可能性がある。まさに人生を左右する一大事なわけです。

彼らのリハビリを行う上で、この5つのステージを理解し、選手が心理的にどの段階にいるのかを把握しながら最適なコミュニケーションを模索して、サポートすることが非常に重要でした。現役選手はロスが説いた『安らかに眠りたい』という感情にはなりませんが、ケガをしたことで自分の仕事や支えとなっているものを失うのです。現状を受け入れていく過程も、ロスの唱えた5段階と共通する点が多々あります。この理論を活かすことは、現在の職場であるティンバースでももちろん活きていますし、これからも選手たちをサポートしていく上で僕の大きな基盤となるでしょう」

ケガをしてしまったことは仕方がない。では何をすべきなのか？ 起こってしまったことを引きずらずに、前向きに次に向かえるように声を掛け、自身の心技体を使ってサポートすることが、アスレティックトレーナーには求められる。

「選手がポジティブな気持ちでリハビリをしないと、体は治っても不安が残ってしまいます。精神的に不安定な状態で、ベストパフォーマンスは出せません。ですから、肉体的なケアと同時進行で、心のケアも求められますね」

北川は19歳の時、アスレティックトレーナーになることを決意して渡米した。スポーツ大国の第一線で働くという夢に向かって、フットヒルカレッジ（短期大学）、サンノゼ州立大学、オレゴン州立大大学院と階段を上っていった。

座学と並行して、現場でも研鑽を積んだ。フットヒルカレッジ時代の2007年には、メジャーリーグ・ベースボールのサンフランシスコ・ジャイアンツのホームゲーム81試合で、同校卒業間近の2008年3月からサンノゼ州立大学に編入する8月末までは、メジャーリーグ・サッカーのサンノゼ・アースクエイクスで、サンノゼ州立大学の3年が終わり、最終学年進級を控えた2009年の夏は、ナショナル・フットボールリーグのサンフランシスコ・フォーティーナイナーズで、それぞれの競技のトップ選手たちをアスレティックトレーナーとして支えた。

「学生時代にインターンシップで3つものプロチームでキャリアを積めたことは、本当に幸運でした。僕の場合は、まず現場での経験があり、その後、教科書で学んだことが上乗せされたような感じです。

でも、最初にジャイアンツのお話をいただいた時、すぐに『やります』とは言えませんでした。英語もままならなかったですし、知識も足りなかったので尻込みする部分があったんです。振り返れば、思い切って飛び込んだからこそ、今に繋がっていると思いますが」

異なるコーチングスタイルがいかに選手の成長や心理的健康に影響を及ぼすか、という内容の講義も北川の知見を広めた。今日、ティンバースの選手と毎日顔を合わせながら、その尊さを再確認している。

「選手の成功やミスに対して積極的に励まし、サポートをし、適切な情報を与えるコーチングスタイルは、総じて選手の自尊心を高め、自主性を向上させます。それとともに有能感も上がり、ひいては内発的動機づけが高まると証明されています。

反対に、罰志向のコーチングスタイルや、選手のミスや成功に注意を向けない指導法は、選手の心理的健康に有害だということも分かっています。罰志向は有能感を蝕み、選手の内発的動機づけを低下させるんですよ。選手には、今のプレーよりも次のプレーが大事なんだというメンタリティーを持ってほしいです」

選手の不安を取り除く方法

北川が大学院時代に使用したスポーツ心理学のテキストには、次のような事が書かれていた。その言葉を今、どのように捉えるか訊ねた。

● スポーツにおける成功は、選手の自信によってもたらされる。自信は、精神がベースとなって創られる。

「トップアスリートにとって大事なことは、連続した成功体験だと思います。達成感が自信に結び付き、小さな成功の積み重ねが選手を成長させていく。ですから、僕らはどんな方法で選手に達成感を味わわせてあげるか、今の環境において、いかなる成功を摑ませてあげられるかのパターンを考えることが大切になってきます」

●勝者であり、エリートとされる選手は、不安を取り除き、自身を励ます能力が非エリート選手よりも長けている。実は不安の度合いは勝者も敗者も変わらず、勝利を摑む者は、ストレスを感じながらも不安をコントロールできる。

「いかに優れたアスリートでも一人の人間ですから、不安に打ち勝つ方法に大きな差はないんですね。もちろん、得手不得手はあります。不得手の人が、どうやって不安を乗り越えていくかといえば、やはり練習です。不安を除くためにはトレーニングしかない。そこで、トレーニングの意図を理解させる。準備不足と感じさせないようにもっていく。ケガをして復帰する時に、全て『やり切った』と思える状態にして送り出す。『やり切った』『自分はできる』と感じている選手なら、不安はないでしょうから」

●自己を尊敬することは、メンタルの充実が鍵だと広く認識される。自己を敬う気持ちが高いと、社会への適応力や独立心、融通性、リーダーシップ、教育、仕事、スポーツにおける成功レベルなど、ポジティブの質が広範囲となる。逆に自己を敬う気持ちが低いと、しばしば鬱病や不安、ノイローゼ、自殺願望などの精神的混乱を伴う。自己を否定する感情は、最終的に治療を要することとなる。

「自己を尊敬するということは、やはりポジティブシンキングですよね。アスレティックトレーナーの立場で、まず選手個人の特性、その選手が持っているものをきちんと受け入れることが第一歩です。選手のいいところを見付け、自分らしくしていろと存在価値を認める。選手の長所を可能な限り目立たせることも僕らの仕事です。

プロのアスリートであっても、自信のない人もいますよね。周囲が言語化して評価してあげることが大事になります。個を否定してしまうと、アスリートはネガティブ思考に陥り、いずれは人間として壊れてしまいます」

● 効果とはポジティブさがもたらす結果——楽しみ、プライド、満足度など、もしくはネガティブさが元となる結果——不安、退屈さなど、全ての理論の鍵となる。ポジティブな効力や楽しむことが、モチベーション発達の幹となる。

「言葉の持つ力は大きいですよね。草木に向かってネガティブな言葉を言い続けると、枯れていくんですよ。逆にポジティブな言葉を掛けると元気になっていきます。

僕もいつも選手が前向きになるような態度、言い方、イントネーション等には気を遣っています。『Good Morning』という挨拶にしても、心から、いい朝だね！　と笑顔で発するのと、ぶっきらぼうに言うのでは自分のテンションも違うし、相手の反応だって変わってきます。常にプラスのエネルギーを生み出すように持っていきたいと考えています」

●ストレスは、不安と同義語である。刺激の量、休息期間、反応の数と3つの異なったタイプがあり、ストレスは環境と特別な状況下における感情の反応の2つで語られる。

「ストレスという言葉は日本語ではマイナスなイメージがあります。でもポジティブなものとネガティブなものがあって、アスレティックトレーナーからすれば、ポジティブなストレスを加えることもアスリートには大事だったりするんです。試合前にある程度の緊張を感じると集中力が増すとか、冷静さを持てるとか。適切な心理状態を生む場合もあるように思いますね」

●若者がスポーツをやめてしまう理由を調査した結果、プレー時間が少ない、過度な勝利への要求がマイナスの経験となることが挙げられる。過度のプレッシャーは楽しみを奪い、時間だけを消費し、コーチとの衝突を招き、競技をやめてしまうことに繋がる。競技を続けるもやめるも、最大の要因はそのスポーツを楽しめるか否かによる。参加者のモチベーションによって決まるのだ。

「アメリカではスポーツを楽しむ、という概念があります。では、何をもって楽しむのか？

僕は、自分の全力プレーと相手の全力プレーとの競い合いだと感じます。そのためには練習試合じゃなく、真剣勝負が必要になりますね。試合に出てワクワクして、何かを達成したり、喜怒哀楽を感じることが楽しみに繋がるのではないでしょうか。でないと、辛い練習だけをこなすことになってしまいますね。

僕もそうですが、日本人は楽しかった思い出よりも過去の厳しい練習を美談のように振り返る傾向が強いですね。でも、勝利至上主義はコーチの自己満足に過ぎません。千辛万苦《せんしんばんく》を乗り越えることが、人格形成に繋がる、社会の荒波に立ち向かっていく忍耐力を養える、なんていう理論もありますが、自分の体を使って真剣勝負した時の楽しさを追い求めなければいけません。それをサポートすることも、一つのコーチングです」

北川はこうも言った。

「適切なコーチングスタイルが子供たちにとっていかに大切かも院で学びました。たとえば、言語におけるモチベーション理論では、人はどのような達成の分野においても、習得への試みに付随したポジティブなフィードバックが必要だと提唱しています。このフィードバックを子供時代に受けることが非常に重要なのです。

なぜならば子供たちが物事を達成する力を自分のものとするアシストとなり、ひいては自立心の発達に繋がるからです。コーチングにおいて、怒ったり、罰を与えたり、ましてや体罰を与えたりしても、選手の成長や心理的健康に好影響を与えることはまずないのです」

日本からいつまで経ってもなくならない指導者による選手への暴行・暴言は、相手の感情を無視し、自分がどうしたいかだけで短絡的に行動した結果だ。今後、日本のコーチ育成過程では心理学が不可欠であろう。

ほめることの大切さ

北川は言葉を続けた。

「大学を卒業して、しばらく経ちますから、授業内容を鮮明に記憶しているわけではないのですが、今、僕が働いているメジャーリーグ・サッカーの世界に『サンドイッチ理論』という考え方があります。選手の良い部分を見付けてから、アプローチする方法です。

まずはその選手に対して肯定的なことを話し、次に改善点を述べる。『あなたのこういう点が素晴らしい。でも、○○すれば、もっと良くなるよ。長所がより生きるよ』というような感じですね。そして、さらにもう一度ほめて、ポジティブな状態でアドバイスを終わらせるというやり方です。『プラス、マイナス、プラス』でもっていくんです。僕は常にそれを心掛けています」

たとえば、持って生まれた瞬発力がある一方で、技術的には粗く、腿裏の筋肉を痛めやすい選手がいたとする。北川が彼と接する際、まず口にするのは「あなたは素晴らしいスピードを持っているね」である。「十分速いけれど、フォームを少し改善すれば、もっと効率良く、楽に今のスピードを出せるかもしれないよ。そうすればハムストリングの負担も軽減されるかもしれないよ」と、走り方のフォームの改善案を伝えるのである。

「否定したらダメです。まずもってその人の可能性や、持っているものをほめることが大事だと僕は信じます。あなたはいいものを持っていますね、とか、恵まれているんだよと最初に告げることで、向こうも僕の言葉を聞こうとするじゃないですか。それから○○の動きをやってみようか？　と提案するんですね。選手をいい気分にさせないと、課題を克服する作業に向かおうとしないものです。

アスレティックトレーナーだけでなく、いいコーチは、まず選手をほめてから、より良くするためにと、問題点を指摘する人が多いように感じます。人の粗を見たり、批判することって楽ですよね。その反面、人のいいところを捜し続ける行為って、磨かないとできません。ですから僕が指導者を見る時、どのくらい選手をほめるかを一つの目安としています」

北川の考え方のベースは、学生時代にインターンシップで訪れたサンフランシスコ・ジャイアンツで築かれた。

「ジャイアンツのアスレティックトレーナーやストレングスコーチの話し方、コミュニケーションの取り方を具《つぶさ》に目にしました。彼らはプロ選手のモチベーションを上げてから、伝えるべき言葉をかける、ということを繰り返していました。信頼関係があって初めて、トップアスリートは耳を傾ける。その第一歩がほめることだったのです。常にチーム内に、プラスのエネルギーが充満していましたね。

コーチと呼ばれる人だけではなく、チームスタッフ全員が、何かの形で〝コーチング〟をしていると思うんです。ビジネスの世界においても、上司は部下にコーチングしているはずです。部下のモチベーションを上げられる人は、いい職場の雰囲気を作れるでしょう。批判しているだけでは、適切な指摘だったとしても、言われた方は『やろう』という気持ちにはならないですよね。そういう空間で学べた経験が今、僕の血となり肉となっています。だからこそ、現場での学習は尊いと感じます」

複数のスポーツを経験するメリット

1984年10月25日に滋賀県で生まれた北川は、中学時代は中長距離ランナーとして陸上部に、高校時代はバスケットボール部に所属していた。進路を決める時期となった高校3年の夏、保健体育の教諭に、以前オリックス・ブルーウェーブでスポーツトレーナーとして働いていた人物を紹介される。

「その方から、アメリカにはアスレティックトレーナーという仕事があり、チームのメディカルスタッフとして確立されているという話を聞きました。加えて、シアトル・マリナーズのトレーニングルームの映像を見せていただき、イチローのオリックス時代やシアトルでの様子を聞くことができ、非常に魅力的に感じたんです。僕はイチローの大ファンだったので、ワクワクしましたね。

その日、保健体育の先生は、僕と同級生2名を滋賀県高島市から兵庫県神戸市まで連れて行ってくれ、彼と接する機会を作ってくださったのですが、帰りの電車の中で、これは運命だと思いました。その日のうちに、アメリカでアスレティックトレーナーになることを決心したんです」

高校卒業まで日本の教育を受けた北川も、日本のスポーツ界には違和感を覚える。

「物事は言い方、伝え方で、受け取り手の意識が変えられます。選手に課題があった場合、自発的に改善することが大事です。指導者やスタッフはそういう風にもっていくべきなのに、日本では頭ごなしに怒鳴ったり、手が出たりしてしまいますね。恥ずかしいことですよ。

手を出さないと自分のメッセージを他人に伝えられないのは未熟です。暴力を振るった時点で、本来ならその人のキャリアは終わりでしょう」

オレゴン州立大大学院で、「暴力を用いた指導」が、議題に上がることはなかった。是とするか否とするかなど述べるまでもないことであり、アメリカ社会の共通認識だからだ。

「公にならないようにやっているとしても、言葉の暴力まででしょうね。プロの世界では、まずありません。手を出したら傷害事件になってしまいますから。仮に手を出す指導者であれば、どんな種目であれ、トップまでは辿り着けません。

日本は行き過ぎた指導を美談にしているところがありますね。僕は、そういう指導者と一緒に仕事をする気にはなれないです。成長していけると思えないので。だからこそ、日本ではなくアメリカでやり続けたいんですよ。すべてではないのでしょうが、日本は選手が監督に服従する図式があります。コーチと選手でも、お互いに意見交換ができる環境を作らねばいけない。選手が自分の思いを伝えられる状況を監督やコーチが築く必要があります。それもコーチング能力ですよ」

さらに北川はアメリカの高校、大学のシーズンスポーツ制度を称賛する。

「アメリカでは1年を通して、違うスポーツをやります。複数の種目で練習と試合を繰り返すのです。違うスポーツをする、違う動きをする、違う筋肉を使う、顔ぶれの違うチームメイトと汗を流す。人間としてもアスリートとしても幅が出ます。

人間の体って脳がコントロールしていますよね。脳があるからこそ、筋肉が動きます。まず脳が体の動きを理解するので、一つのスポーツをずっとやっていると、動きの引き出しが少なくなってしまいます。脳の働きもそれだけになってしまうんですね。色々な動きをするからこそ、相乗効果が生まれます。長期的に見ると、複数の競技をやっていたアスリートの方がユニークなプレーができ、ケガも少ないように感じます。体が無理な姿勢になった時に自分でコントロールできるようになるので、故障しないポジションにいけるんですよ。セーフゾーンが増えると言っていいでしょう」

いくつもの競技を体験することは、選手の可能性を拡げることにも繋がる。

「バスケットボールではそれほど光らないけれど、レスリングなら素晴らしいとか。色々なことをやらせることで、選手自身が自信を持つ。可能性を見付けてあげる。日本は一つのスポーツしかやりませんから、活躍できないとシュンとなったり弱気になったりします。一つのことしかやっていなければ潰れた時に八方塞がりになりがちですが、アメリカは『このスポーツがダメでも、他のことがあるじゃないか』という気持ちになれるんですね。

コーチ陣も複数のスポーツを経験していますから、そういう目が養われていて、選手を色んな角度から見詰めています。やはり、指導者が大学でしっかり勉強していることが大きいです。日本の大学って入学試験は難しいけれど、卒業は簡単じゃないですか。アメリカは必死でやらないと卒業できないですよね。コーチ陣は大学で、プレゼンテーション力も話し方もコミュニケーションの取り方も身に付けています。人に物を伝える、提供する、という力が養われているんです。教師でなくコーチとして給料をもらっていますから。アメリカはスポーツに対する土壌もしっかりしていますし、ニーズもあります。良かったら評価されますしチャンスも広がります」

長時間の練習に意味はない

北川との会話中、私はNBAのオールスタープレーヤーだったスティーブ・ナッシュとレイ・アレンの言葉を思い出した。彼らはともにサッカーの経験を持ち、ガードとしてコート上でボールを運ぶ折にピッチでの戦術眼がいかに役立ったかを私に語ったことがある。

「僕もナッシュとアレンには注目していました。あの2人の動きは完全にサッカーのステップです。スペースの使い方も上手かった。対峙する選手にしてみれば戸惑うし、躱されてしまうんです。NBA選手って、アメリカン・フットボールや野球や陸上をやっていたタイプが多いじゃないですか。陸上をやれば走り方が綺麗になります。連動したスムーズな走り方は、ケガの防止に繋がるんです。

アメフト経験者はジャンプの仕方を覚えるし、方向転換も身に付きます。NBAで4度得点王に輝いたアレン・アイバーソンは、高校時代にフットボール選手としても州でナンバーワンでしたよね。ランニングバックの動きをバスケットボールコートで発揮していましたよ。ステップはもちろんですが、相手の軸をずらすフェイントやスピンはアメフト選手ならではのものです。元々の身体能力にアメフトの経験が上積みされて、NBAでも有数のスーパースターになったのでしょう」

アスリートの動きからは、競技種目のバックグラウンドだけでなく、国々の文化も垣間見られるという。

「プエルトリコやドミニカから中南米のメジャーリーガーで、セカンドやショートの守備を見ていると、足の運びが独特だな、と感じることがあります。ボールをキャッチするアプローチを見ていても、野球以外から体の使い方を学んでいるように見受けられます。サルサのようなダンスのリズムが体に染み込んでいる気がしますね。ブラジル人のサッカー選手にも、間違いなくサンバが活きていると思います」

指導者のオーダーに服従を強いられる日本の高校生アスリートの現状について、北川はこう苦言を呈する。

「日本の学生アスリートは、ほぼ一年中、監督に言われたことに従いますよね。そうしなければ試合には使ってもらえなくなってしまう。でもなぜ、この練習が必要なのか、何のための練習なのか、どういった動きを学んでいるのかという理由を考えずにやり続けてしまっているケースが大半じゃないかな。そして、回数をこなせばいい、という考えが日本には根強く残っています。僕の立場から述べれば、そうじゃないんですよ。

高校に限ったことではありませんが、科学的根拠も理論もなく、過去の自分の経験と感覚のみで指導をしている方がまだまだおられるように感じます。そのせいで、闇雲に時間をかけて量をこなすだけのコーチングになっているのではないでしょうか。たとえば人間は60分ほどしか集中力を持続できない事が知られています。つまり、練習時間も60分前後にすべきなのです。であるならば、まずは長時間練習を減らし、必然的に質を高めなければならなくなります。ロボットに指導をしているわけではないのですから、人体をしっかりと理解し、それに基づいて指導方法や練習量と質を考えていくことが大切です」

燃え尽き症候群にならないために

アメリカ合衆国で、プロのアスレティックトレーナーとして生きる北川の目にも、補欠部員として応援歌を合唱するだけの部員たちの姿は、本来のスポーツではない特異なものと映る。

「たとえ3軍であったとしても、試合に出てナンボですよ。試合経験が財産になるんです。アスリートは試合のためにトレーニングするはずです。なのに、日本の補欠の子たちは、練習のための練習になってしまっていますよね。

人間は、なかなか自分のやって来たことを否定できないですから、スタンドで応援歌を歌っていただけの日々を誇らしく思ったりもするんですよ。そこにも僕は違和感を覚えます。甲子園をはじめとした日本の学生スポーツは、捻じ曲がっていると思います」

高校生アスリート育成における日米の差を、北川は次のように話した。

「高校年代のアスリートの育て方の違いで僕が印象に残っている点は、やはり褒め方です。少なくとも僕の周りでは一人の人間をきちんとコーチングしている、人間形成をしている印象があります。コーチは、親御さんからお子さんを預かっている責任を感じているでしょう。高校年代でいい経験をさせ、しっかりした生き方を伝えれば、彼らの20代、30代、そして一生が良くなっていくということをわきまえてコーチングしていますよね。

選手個人をコマのように扱うのではなく、感情のある人間として接しています。この子は内気な子だとか、陽気だとか、短気だとか、我慢強いということを把握しながら、その子に応じた話し方、コーチングの仕方、合うスポーツなんかも考えていきますよね」

そして、高校3年生にして人生の総決算のような演出を続ける甲子園的な日本の全国大会についても触れた。

「日本は高校年代で燃え尽きさせてしまう節がありますが、アメリカは州チャンピオンまでで終わりです。大学に行って初めてナショナルチャンピオンシップの存在を知ることで、ステップアップを感じるのではないでしょうか。高校で人生が終わるような日本特有の価値観は、エンターテイメントとしてはいいでしょうが、見ていて檻の中で戦わせているような気持ちになることがありますよ。

誰かが得をするために、高校生が犠牲になっている悪しき習慣だと思います。ただ、野球が大好きなお子さんをお持ちなら、甲子園を目指すのを応援したいと考える親御さんの気持ちも分かります。でも、人生はそれ以上に長いということを念頭に置いてやってほしいですね。甲子園で人生は終わらないので、そこで何を得て、次に繋げるのかを大事にしてほしいです。勝っても負けても甲子園が人生の終着点だと思い込ませているから、燃え尽きさせてしまうのでしょう。ガムシャラに努力した分だけ、それを失った時に心に穴が開いたようになるんじゃないかな。自分の人間性を高めていくために高校野球があるんだよ、という形にはなっていませんね。野球がすべてではない、という思いでプレーしていた方が楽しいはずなんですがね。自発的にやりたいからやる、楽しいからやる、というメンタルを持たせるような教育をしてほしいです」

未来への提言②

スポーツが
非行を防ぐ

ボール一つで何人もが笑顔になれる

「バスケットボールは、シュートしたボールが10フィートのフープまで届かないので、小学校低学年や未就学の児童には難しい」と説く人もいるが、アメリカ人にとって最も身近にあるスポーツがバスケットボールではないか。

街の至るところに3メートル5センチのフープがあり、シュート練習をしていると、どこからともなく愛好家が現れて1対1が始まる。人数が増えれば2対2、3対3とゲームのようになっていく。小学生が自主練習をしていれば、経験者の大人がコーチしてくれることも頻繁にある。

NBAのプレイオフ中に飛行機を利用した際、客室乗務員が画用紙に手書きで「ハーフタイムが終了し、レイカーズがリードしています」などとスコアも記入して前方から後方まで歩く様子を目にした折には、このスポーツがいかにアメリカ人に愛されているかを感じたものだ。

私が在籍していたネバダ州立大学リノ校のバスケットボール部もなかなかの強豪で、今世紀になってからは5年に1度くらいのペースでNBA選手が誕生する。日本代表のエースとして2019年のワールドカップ出場に貢献したニック・ファジーカスも、同大学の出身だ。

1987年から1991年に同校の主力としてチームを牽引したマット・ウィリアムズは、卒業後間もなく、リノの街で自身のバスケットボール・アカデミーを立ち上げた。小学生から高校生まで、延べ2万5000人以上の少年少女にバスケットボールレッスンを施している。「コーチは教育者でなければならない」というのが、ウィリアムズの持論である。

「当初、私のアカデミーに入団して来る子供たちの70パーセント以上が荒んでいました。親の顔を知らない、親が犯罪者となってしまった。あるいはシングルマザーが2つ以上の仕事を掛け持ちしていて、まったく面倒を見てやれない……など。そんなタイプの子供たちは、玩具や自転車などを満足に与えられません。ベースボールのグローブや、アメリカン・フットボールのヘルメット、スパイク、防具なども買ってもらえない。では、何ができるか？と言えばバスケットボールなんです。ボール一つで、何人もが笑顔になれますよね。

恵まれない環境で育つ子供たちが、常識を身に付けられるはずもありません。放っておけば、彼らは社会からドロップアウトしてしまう。私はバスケットボールの第一歩として、『人を敬う気持ちを持たせるように』指導してきました」

1969年生まれのウィリアムズはプロにはなれなかったが、ネバダ州立大学リノ校時代、毎シーズンのようにリバウンド王を獲得した。そんな彼は、フロリダ州オーランドの貧民街で育っている。

「私はゲットーと呼ばれるエリアの出身です。水道や電気を止められたことはありませんし、食べる物が足りないというレベルではなかったですが、貧しい黒人家庭でした。小学生時代のチームメイトで逮捕された経験がないのは私を含めて2名だけです。

当時の仲間はギャングになっていきました。飢えから逃れるには、犯罪に手を染めるしかなかった。我が家も私が12歳の時に両親が離婚しました。私が道を踏み外さなかったのは、自宅、学校、バスケットコートの3ヵ所だけを生活の場としたからです。だからこそ、トラブルに巻き込まれずに済みました。バスケットボールによって、人間関係を構築する時のマナーを身に付けました。他者から信頼されることの意味も知りました。不遇な環境下に置かれる人間を救うのは敬意です。それだけは断言できますよ」

ウィリアムズはバスケットボールの薫陶を受け、社会のルールを学んだ。人としての生き方も学んだ。

「小学校の低学年の頃からバスケットボールチームに入りました。親友の父が最初のコーチでした。幼い頃からジャンプ力があったので、リバウンドが得意でしたね。褒められると自信が付くでしょう。やる気も出ます。どんどん夢中になりました。

両親の離婚後、私は父と暮らすことになり、ワシントン州シアトルに引っ越したんです。

高校時代のコーチに『お前はシュートしないでいいから、とにかくリバウンドを取れ！』と指示され、シュート練習を疎かにしてしまった。その結果、シューターとしては並以下になってしまいました。あのコーチの指導は間違っていたと思います。なので、我がチームでは全ての選手に同じメニューを組んでいます。そのうえで、能力のある子にはハードルを上げますね」

酒、タバコ、ドラッグと無縁で生きるために

自分が痛い思いをした分、次世代の若者に同じ思いをさせたくない。そんな気持ちがベースとなっている。

「バスケットボールで力を付ければ推薦で強豪大学に進むことができますし、そうでない子にも手を差し伸べてくれる学校がある。また、酒、タバコ、ドラッグとは無縁の、クリーンな人生を歩める。繰り返しになりますが、私はバスケットボールコートは教育の場だと思っています。『他者から尊敬される人間になりなさい』といつも伝えますね。競技の魅力を感じる以上により良い人間になってほしいと考え、子供たちと接してきました」

ウィリアムズはチームのスタッフも、自身の志を理解した人間で固めた。いつしか、OB、OGがコーチを買って出るようになる。

「子供たちの能力を引き出すのも殺すのも、コーチ次第です。指導者に責任があることを忘れはしません。子供たちと全力で付き合うためには、いつもエネルギーを満タンにしておかねばならない。だから私は酒もタバコも一切やりません。汚い言葉も吐きません。いい指導者になるには、子供たちから尊敬されなければならない。子供は純粋で正直です。こちらが本気でなければ絆は作れません。うまく運んでいたとしても、関係が壊れるのは一瞬です。常に全力で向き合わねばならない」

ウィリアムズのアカデミーはスポンサーの後押しもあり、毎年、10名を無償でチームに迎え入れる。その際、ウィリアムズはテクニックを選考基準にせず、子供の目を見て合否を決める。

過去の特別枠選手の中に、アーモン・ジョンソンという選手がいた。後にNBA入りする逸材だが、問題児であった。

「彼がやって来たのは、中学1年生の時でした。父親がいるのかいないのか分からない崩壊家庭に育ち、何一つマナーを知らなかった。学校もしょっちゅうサボっていました。よくコートで暴れましたね。最初は付き合い難い少年でした。

身体能力が高く、技術もあるものですから、周囲の子を見下していました。だからパスを出さない、周囲を使えない。でも、バスケットボールはどれだけ秀でたテクニックを持っていても、一人では勝てません。それを理解させるのに時間がかかりました。

私はアーモンが音を上げるまで、1対1をやったものです。とにかく言うことを聞かなかったので、将来性があるかどうかも分からなかった。時には、徹底的に敗北感を味わわせようと、負けを教え込んだこともあります。ただ、彼はどこかで父親を求めていた。寂しかったのでしょう。コーチという職業は『父』を要求されることもありますから、私も精一杯、アーモンと向き合った自負があります」

ほどなく全力で子供たちと向き合うウィリアムズの姿勢が評判となり、「我が子が楽しんでいます。ありがとう！」と地元企業が次々にスポンサーとして名乗りを上げるようになった。

子供が抱えるトラブルに向き合う

ウィリアムズはネバダ州だけでなく、ワシントン州、オレゴン州、カリフォルニア州、テキサス州などにも出向き、年に10回ほど大会を催した。最大規模の大会は550チームが参加するまでになった。バスケットボールに興味はあるが、環境が整っていない、ストリートバスケの経験はあるが、試合に出場したことがない子供たちを歓迎した。

「私は預かった子供たち全員にゲームに勝つ喜び、それに向かう闘志、テクニックと並行して社会常識、マナー、世の中のルールを教えています。繰り返し伝えるのが『周囲の人を敬う気持ちを持て』という私自身のポリシーです。そして、バスケットボールの魅力を感じてもらう以上に、人間性を高めることが、究極のゴールです」

強いチームを作ることも大事だが、ステップアップさせることが、ウィリアムズの大きなテーマである。アカデミーのコーチたちには「選手を積極的にほめなさい」と伝えた。それができない人間は、短期間でクビを切った。

トラブルを抱えている子供がいれば、チームの大人たちが支え、守ってやることを課した。崩壊家庭の子供を自宅に招き、食事を共にし、宿題を手伝った。次の週末はアシスタントコーチに同じことをさせた。選手の担任とも連絡を取り、解決策を話し合った。バスケットボールが生き甲斐になっている子なら、本人の通う学校に赴き、放課後のコートで個人レッスンをした。ウィリアムズは指導者としてのキャリアを重ねながら、子供たちに必要な言葉や接し方を身に付けていった。

ウィリアムズの体を張った指導はアーモン・ジョンソンの胸に届いた。出会ってから2年が過ぎる頃には、見違えるほど礼儀正しい少年となった。

「アーモンが高校に進学した時に叩き込んだのは、『学業を疎かにすると選手として終わる』ということです。全米中のほぼ全ての高校がＡＡＵに加盟していますから、成績の評定平均が2・0を下回ると選手登録を抹消されます。学生の本務は勉強ですからね。アーモンにはNBA選手になりたいという夢がありましたから、『ならば最低限のスコアはとれ。将来のためだぞ』と口を酸っぱくして言いました。

NBA自体が高校中退者など認めません。大学での活躍が認められてこそプロの道が開けます。恥ずかしながら私の高校、大学時代の成績は低空飛行でしたが、バスケットボールを続けるために、最低限のスコアは保ちました」

アーモン・ジョンソンは、ウィリアムズの母校であるネバダ州立大学リノ校でその存在を輝かせた後、2010年のドラフトでポートランド・トレイルブレイザーズから指名され、入団。だが、2シーズンで下部組織に落とされた。その後、NBA復帰を目指したが叶わず2017年に引退している。プレーヤーとしての限界を感じたジョンソンは、ウィリアムズのアカデミーでコーチとなった。

この元NBA選手は、小学生から高校生までの若者に対し「どうすれば、一人一人のモチベーションが上がるか」を最重要事項として接した。常にほめ、励まし、自身が手本となるプレーを見せた。そして、ジョンソン自身もステップアップし、今日、ネバダ州立大学リノ校男子バスケットボールチームのスタッフとして大学生を支えている。ジョンソンは父のようにサポートしてくれたウィリアムズへの感謝を忘れない。

ウィリアムズは微笑む。

「アーモン・ジョンソンのような選手が私のアカデミーから出たことは、誇りですね。中学生、高校生は、学校のクラブ活動と並行して私のアカデミーの活動にも力を注ぎます。

ご存知のようにバスケットボールのゲームにおいて、コートでプレーできるのは5人のみです。当然、試合に出られない子がいます。私は登録メンバーの全員を出場させますが、個人によってプレー時間はマチマチです。それでも、選手たちが競技を嫌いにならないように、私の采配に納得できるように、日頃から信頼関係を結んでいかねばと思っています」

未来への提言❸

ジョン・ウッデン「成功のピラミッド」に学ぶ

チームを成長させる「5つの土台」

コーチ業に携わるようになったウィリアムズが模範としたのが、本書の冒頭で触れた元UCLAの名監督、ジョン・ウッデンだ。ウィリアムズは、ウッデンの「ポジティブな指導が、選手を向上させることを忘れてはならない」という言葉を胸に刻んでいる。

２０１０年6月に99歳で鬼籍に入ったウッデンは、１９４８年から１９７５年までUCLAで指揮を執り、同校を10度、全米大学チャンピオンに導いている。

ウッデンは１９１０年10月14日に、インディアナ州で誕生した。父親が所有する65エーカー（０・２６平方キロメートル）のトウモロコシ畑の傍らに建つ住まいには、水道も電気も通っていなかった。兄、そして2人の弟と彼は、母親が底をくり抜いてくれたトマトを運ぶ籠をフープ代わりとし、バスケットボールに勤しむ。

まるで余裕のない暮らしだったが、両親は4人の息子全てに大学教育を受けさせた。ウッデンは12歳の頃、父親から小さなメモを手渡される。そこには、父が生きるうえでの信条としている7つの事柄が書かれていた。

1、自分に誠実に生きなさい

2、他者を助けなさい
3、毎日、自分だけの傑作を創りなさい
4、良質の本、特に聖書を味わいなさい
5、素晴らしい、芸術のような友情を築きなさい
6、お前が生きるうえで、雨宿りができる場所を見付けなさい
7、神から良き導きや助言を得られるよう、祈りなさい。そして、日々の加護に感謝しなさい

父は言った。

「息子よ、これらに挑戦してごらん」

ウッデンは人生の最期の時までこのメモを財布に入れ、身に付けていた。

考えてみれば、ウッデンは父親が不平を述べたり、誰かを罵ったり、嫌ったりする姿を目にしたことがなかった。父は4人の息子に「そういう行為は自身を傷付けることになる。嘘をついたり、誰かを騙したり、物を盗んだりしてはいけない。また、泣き言、文句、言い訳も禁止だ」と告げた。

次男は父の躾に素直に従った。ある日ウッデンは、こんな忠告も受けた。

「ジョン、他の兄弟より優れた人間になろうなんて思わなくていい。ただな、自分のベストを尽くすんだ。お前は誰かより秀でているかもしれないし、他者がお前よりも優秀なこともある。常にベストを尽くしていれば、そういったことを受け入れられるものだ。でも、努力を怠った人間に、それはできない」

バスケットボールで頭角を現し始めた高校2年のシーズン、ウッデンはスターティングメンバーから外される。どうしても納得できなかった彼は、その日体育館から去り、他の学校に転校することを考える。

しかし父の言葉が頭を過り、思い止まる。怒りを感じながらもシックスマンを務め上げたウッデンは、3年生、4年生と2年連続でインディアナ州最優秀選手に選ばれ、パデュー大学に進学する。大学では大車輪の活躍を見せる傍ら、英語学部で教員免許を取得した。

卒業後は、当時、米国に存在したBAA（Basketball Association of America）に属するインディアナポリス・カウツキーズでプロ選手として活動した後、ケンタッキー州の高校で英語教師として教壇に立ち、かつバスケットボール部を指導した。

「私はコーチというよりも、教師だ」が、ウッデンの口癖だった。英語教師として高校生にシェイクスピアを教えるように、バスケットボール部を強化した。

太平洋戦争時にはアメリカ海軍に従事し、戦後、インディアナ州立大学バスケットボール部のコーチとなる。同校での采配が認められ、UCLAにヘッドハントされた。

ウッデンの人間性の根幹には、父の7つの教えがあった。どんな局面に立たされても、怒りは表に出さず、癇癪を起こしてロッカーを蹴り上げたり、物を投げるようなこともなかった。NBAでも大学リーグでもコートのサイドラインを行き来して大声で指示を出す監督が多いが、ウッデンはベンチに腰掛けたまま、冷静に戦況を見詰めた。

ウッデンにとって、自らを信じることは人としての品格を意味した。彼には周到な準備をしたうえで試合当日を迎えているという自負があり、それが自信の源となっていた。やるだけの練習をしたのだから、行動に移すだけだ、という思いで毎回ティップオフを迎えた。

勝利は喜びであり、敗北は失望に違いないが、バスケットボールは人生の一ページに過ぎず、それが全てではない、という姿勢を貫いた。だから、無数のNBAチームからスカウトされるような選手にも、学の重要性を説いた。授業で出される課題が、いかに大事であるかを日々、選手に伝えた。

強豪校であるUCLAには、サウスキャロライナ州の貧困家庭で育った黒人選手や、カリフォルニア州の中流家庭の子供である白人選手、あるいはニューヨーク出身のユダヤ人選手などが集う。価値観の違う若者を束ねる時、ウッデンは父の哲学をアレンジして「110パーセントの全力を見せろ」「チャンピオンリングより、タイトルより、大事なものは練習だ」「毎朝、自分に与えられた8万6400秒の一瞬一瞬をいかに過ごすかを考えろ」「読書とは自分への投資だ。カネより大切なものだ」「学ぼうとしない人間は、生きていることにならない」「『ありがとう』と言う練習をしなさい」「正しいこととは、正しい人よりも重要だ」と伝えた。

ウッデンはチームが成長するには15の要素があり、それが5段階のピラミッドになっているとの哲学でチーム作りをした。アメリカの指導者に語り継がれる「成功のピラミッド」だ。土台となるのは、「勤勉さ」「友情」「忠誠心」「協力」「熱心さ」の5つ。ウッデンの言葉でピラミッドを説明しよう。

●「勤勉さ」　自分の仕事に代わりはいない。綿密な計画を立て、努力した者にだけ、結果が付いて来る。どんな時もベストを尽くせ。

●「友情」　互いに尊敬し合い、献身的に付き合うことが必要だ。友情は人生を豊かにしてくれるもの。相互の理解が発展的な関係を築く。

●「忠誠心」　自分自身、そして形成する集団のひとりひとりから信頼を得るべし。これこそが、チーム作りの出発点である。

●「協力」　全ての同僚の声に耳を傾け、独りよがりにならずに最善の策を見出す。他者の利益のために自分を犠牲にするようなことはするな。粗野な付き合い方よりも紳士的な交流の方が、プラスの人間関係を作るものだ。

●「熱心さ」　プレーをとことんエンジョイすること。成功しなければ、心の底から喜ぶことはできない。

土台の上に「自制心」「警戒」「主導権」「意欲」の4つが積まれる。

●「自制心」　行動が感情に支配されてしまうとチームはミスを犯す。規律を守り、精神を安定させて日々の練習に臨まねばならない。良き選択と常識が本質的要素となる。

●「警戒」　常に周囲を観察し、注意を怠るな。

かつて、UCLAにダニー・クラムというガードがいた。カレッジ（短期大学）を卒業後、UCLAに入って2季プレーした。ダニーは良い選手ではあったが、グレイトと呼べるレベルではなかった。でも彼は、全ての練習メニューに対し「なぜ、このトレーニングが必要なのでしょうか？　目的を教えて下さい」と食らいついてきた。その観察力が、卒業後のダニーを全米で指折りのコーチにした。

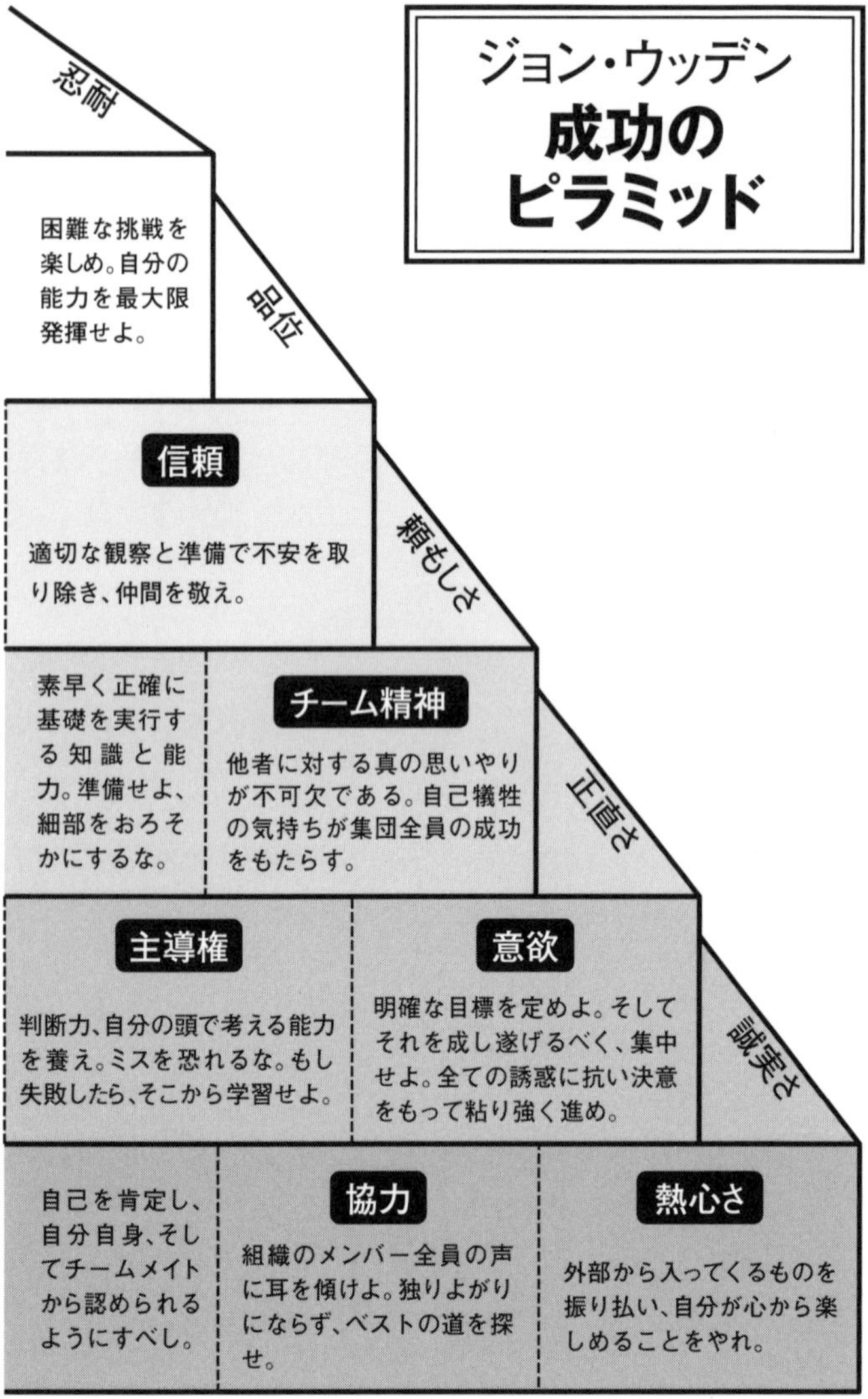
ジョン・ウッデン
成功のピラミッド
忍耐
困難な挑戦を楽しめ。自分の能力を最大限発揮せよ。
品位
信頼
適切な観察と準備で不安を取り除き、仲間を敬え。
頼もしさ
素早く正確に基礎を実行する知識と能力。準備せよ、細部をおろそかにするな。
チーム精神
他者に対する真の思いやりが不可欠である。自己犠牲の気持ちが集団全員の成功をもたらす。
正直さ
主導権
判断力、自分の頭で考える能力を養え。ミスを恐れるな。もし失敗したら、そこから学習せよ。
意欲
明確な目標を定めよ。そしてそれを成し遂げるべく、集中せよ。全ての誘惑に抗い決意をもって粘り強く進め。
誠実さ
自己を肯定し、自分自身、そしてチームメイトから認められるようにすべし。
協力
組織のメンバー全員の声に耳を傾けよ。独りよがりにならず、ベストの道を探せ。
熱心さ
外部から入ってくるものを振り払い、自分が心から楽しめることをやれ。

英語教師としてコーチングをスタートさせたジョン・ウッデンは、教室やチームを活性化させるために様々な試みをした。14年の試行錯誤を経て辿り着いたのが『成功のピラミッド』である。

学生たちが理解しやすいよう、目標を15のパーツに細分化。究極のゴールは〈高貴な競争〉で、そこに向かう土台とステップアップを示している。

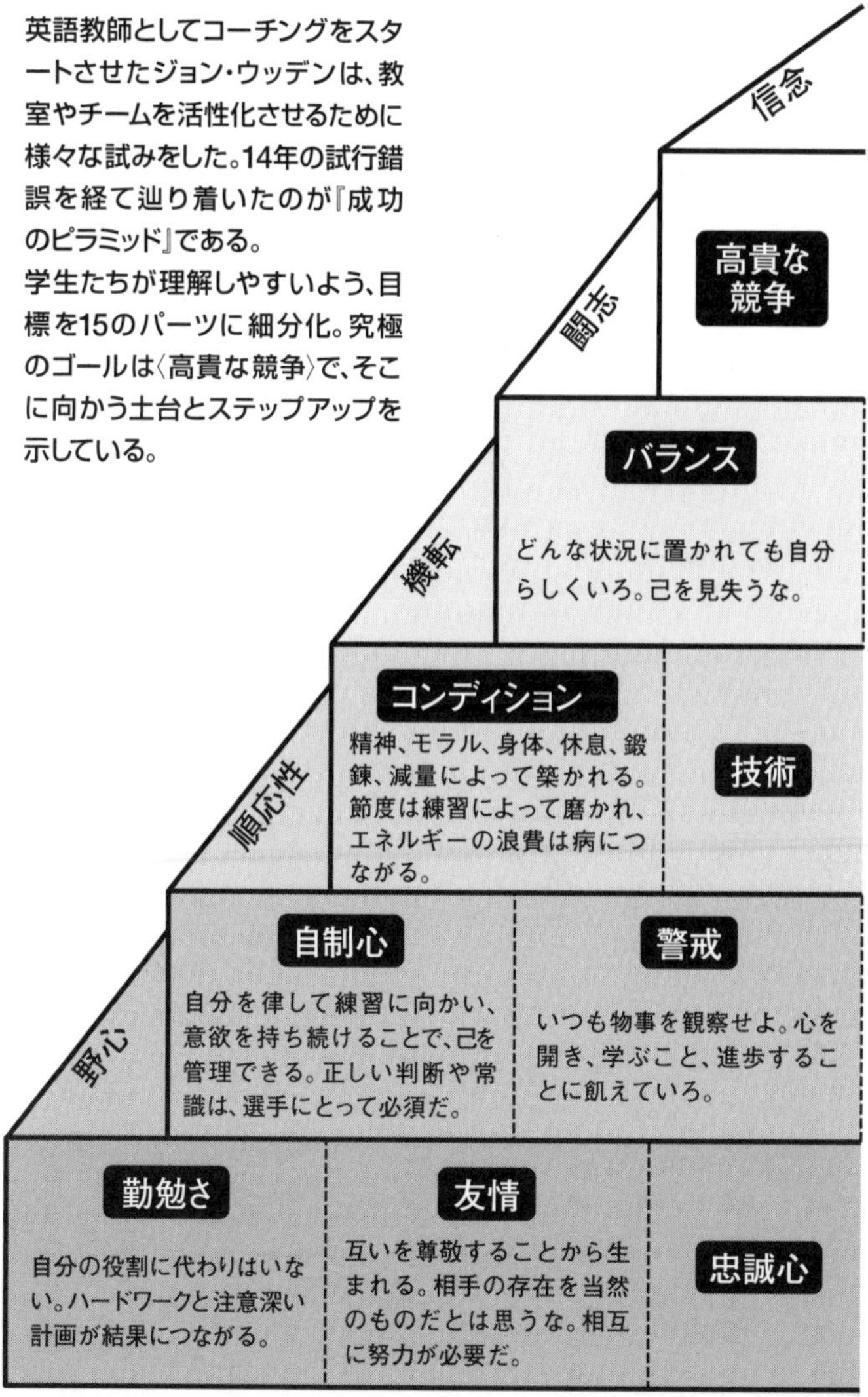

信念
闘志
高貴な競争
機転
バランス
どんな状況に置かれても自分らしくいろ。己を見失うな。
順応性
コンディション
精神、モラル、身体、休息、鍛錬、減量によって築かれる。節度は練習によって磨かれ、エネルギーの浪費は病につながる。
技術
野心
自制心
自分を律して練習に向かい、意欲を持ち続けることで、己を管理できる。正しい判断や常識は、選手にとって必須だ。
警戒
いつも物事を観察せよ。心を開き、学ぶこと、進歩することに飢えていろ。
勤勉さ
自分の役割に代わりはいない。ハードワークと注意深い計画が結果につながる。
友情
互いを尊敬することから生まれる。相手の存在を当然のものだとは思うな。相互に努力が必要だ。
忠誠心

●「主導権」 失敗を恐れずに、独自の考えと判断力を養え。人間は、いかなる状況下でも己が得た情報を駆使し、自らの決定を行動に移さねばならない。それには勇気が不可欠だ。私は選手全員にそれを求める。主導権を持つためには、多くの失敗から学ぶ必要がある。だから私は、保守的なトレーニングを好まない。

●「意欲」 決意と不屈の精神によって築かれるものである。現実的な目標を定めなさい。そして、それを成し遂げるべく、集中しなさい。誘惑や気を散らす物を排除する能力が求められる。一般的に、より良い結果は意欲の量と比例する。意欲は頑固さに結び付き、我慢強さを身に付ける。

個人的な楽しみと自己犠牲の精神

ピラミッドの真ん中に位置する3ブロックは、「コンディション」「技術」「チーム精神」で構成される。

●「コンディション」 肉体、精神、モラル、心の健康を意味する。プレーにおける細かな動作は、繊細なコンディション作りがあるからこそ築かれる。ベターとベストには大きな隔たりがある。ベストコンディションは、日々のトレーニング、休息、減量があって初めて完成する。

駆け出しのコーチだった頃、私は選手に「他者よりも良いコンディションを作れ」と命じたものだ。が、キャリアを重ねると「他人のことは気に掛けず、自分の最大限の努力をすることが他を圧倒することになる」と、考えを改めた。選手諸君にも、そうしてもらいたいと願っている。

●「技術」 基礎を身に付けているからこそ可能になるプレーを技術だと感じている人が多いだろう。とはいえ技術とは、知識やパフォーマンス以上のものだ。名選手は、本人の感覚によって絶妙なタイミング、あるいは瞬時に高度なプレーを発揮する。

コーチは、しばしば技術の高い選手と身体能力の高い選手のどちらかを選ばねばならない局面に立たされるが、私は間違いなく前者を選択する。そういった選手はハードワークの積み重ねによって、技術を体得しているからだ。

●「チーム精神」 以前、私は個人の喜びを消してこそチームは強くなると信じていたが、個人的な楽しみがモチベーションを向上させ、自己犠牲の精神にも繋がるということが分かった。さらには、チームを活性化させると理解するようにもなった。

1964年のチームは全米チャンピオンとなったのだが、スーパースターと呼べる特別な存在が無かった。ゲームごとにヒーローが変わった。毎試合、スターティング・ファイブの誰かが、得点王となった。柱がいないことを自覚した彼らがチームを強くしたのである。

一方、1966年からの4年間は、ルイス・アルシンダー（後にNBAでも大活躍し、バスケット史上最高のセンターと呼ばれた選手。大学卒業後、イスラム教徒となり、カリーム・アブドゥル＝ジャバーに改名した）が、絶対的なエースとして君臨していた。ルイスの1年目は勝てなかったが、2年目以降は3年連続で全米大学選手権を制した。

ルイスは数え切れない程、チームのミスを救った。彼はメディアにも注目されていたから、取材陣も多かった。チームメイトたちは自分のプレーを貶《けな》されないようにしたし、もしルイスが試合に出られなくなっても絶対に勝つという気持ちで、一つになっていた。

下から4段目で、上から2段目は「バランス」と「信頼」だ。

●「バランス」 多くの人が、冷静さ、自信、尊厳が組織のバランスを保つと考えるだろうが、私は自分らしくあることを望む。人間には、できることと、できないことがある。選手に無理強いをしても、チームとしての成長はない。5つの土台である「勤勉さ」「友情」「忠誠心」「協力」「熱心さ」を理解したうえで、チームの一員として自分らしく振る舞ってほしい。

●「信頼」 恐怖心を排除して、仲間を敬うべし。失敗を繰り返すことで情報が蓄積され、チームにとって適切な準備ができる。選手は自信を持たねばならないが、持ち過ぎると墓穴を掘る。私は、自分の選手たちが自惚れる姿は見たくない。対戦相手と対峙した折、常に「絶対にボールを渡さない」と感じてほしい。

頂点に位置する「高貴な競争」

そして、ピラミッドの頂点に位置するのが、高貴な競争である。

●「高貴な競争」　チームが成功要素を備えていても高貴な競争がなければ、チームはベストな状態にならない。それがあるからこそ、困難を楽しむことができる。ルイス・アルシンダー（カリーム・アブドゥル＝ジャバー）は、得点王を狙おうと思えば十二分に狙えたが、彼がチームの勝利を優先したからこそ、3年連続で大学チャンピオンになれた。大学バスケットボール界の得点記録を塗り替えるよりも、大きな目標を掲げていたのだ。

スーパースターと呼ばれるマイケル・ジョーダン、ラリー・バード、マジック・ジョンソンも、同じようなメンタルを持ち合わせていた。

ウッデンは、高い志、高潔さ、チームメイトとの共同作業がなければ、このピラミッドは登っていけない。チームが成長するには、快適に改造していかねばならないと話した。

「予期せぬことが起こった時、チームにも個人にも適応力が求められる。例えば、遠征中に雪で飛行機の到着時間が遅れた場合、ホテルにチェックインする時間が変わる。他の利用者が騒音を奏でているかもしれない。チームのルーティーンや食事のメニューも変更を余儀なくされる。適応力がなければ、ネガティブな気持ちでティップオフを迎えることになる。

そして、コートに足を踏み入れれば自分の能力を最大限に使ってファイトしなければならない。ルーズボールを追う時には床へのダイブ、ゲームの流れが止まるまでは全力疾走、激しいチャージ、相手からボールを奪うためのプレッシャーが求められる。コートに立つことイコール、歯を食いしばる行為なのだ。そうした個々のプレーは、情熱によって支えられる」

一方で、選手がケガをした時には深刻な状態にならないように配慮する必要がある、と説いた。


ウィリアムズは、「ジョン・ウッデンの哲学は自分だけでなく全てのバスケットボール指導者にとって、教科書となる」と力説した。UCLAに入学するのは、高校時代に全米から注目された俊傑ばかりだが、ウッデンのピラミッドを目の前の選手に落とし込んで教えることが大事だとも言った。

ウィリアムズの選手たちは、試合前に必ず円陣を組み「Enthusiasm!（熱心さ）」と叫んでからコートに入る。それはウッデンが掲げた土台の一つから取ったものだ。

未来への提言④

スーパースター
からの伝言

荒くれ者が持っていた「勤勉さ」

ジョン・ウッデン「ピラミッド」の有効性を、2人のNBA選手の足跡から述べたい。1人目は1992年から7年連続でリバウンド王を獲得し、NBAきっての荒くれ者と評されたデニス・ロドマンである。

1961年5月13日生まれのロドマンは、母、そして2人の妹とともにテキサス州ダラスのゲットーで育った。ロドマン家の住居は、市が貧困者を救うために築いた『プロジェクト』と呼ばれる公営アパートだった。

「プロジェクトに住む最下層の黒人たちには生きる上でのチャンスがない。スポーツで身を立てるか、ドラッグの売人になるか選択肢は2つだけだ」

そう、ロドマンは感じていた。1つ下と2つ年下の妹は、それぞれバスケットボール特待生として大学からお呼びがかかったが、高校入学時に168センチしかなかったロドマンは、自身にバスケットボールの才能が宿っていることに気付かずにいた。

遅い成長期を迎えたロドマンは2メートル近くにまで身長が伸びると、21歳にしてバスケットボール推薦でノース・セントラル・テキサス・カレッジに入学する。この2年制のコミユニティーカレッジで活躍し、サウスイースタン・オクラホマ州立大に編入した。

選手として己を見詰めた結果、ロドマンはリバウンドに活路を見出した。

「バスケットボールコートに立ったら、誰もが得点したいと感じるだろう？　リバウンドを取りたいと考えるヤツなんていないよ」

ロドマンの言葉が示すのは、彼がウッデンのピラミッドの最下段にある「勤勉さ」を備えていたことである。

述べるまでもないが、バスケットボールにおいて得点者は華だ。その役割を他者に譲り、縁の下の力持ちとして、戦力となる道を選んだのだ。リバウンドで誰にも負けない選手となることを誓ったロドマンは、「自分の仕事に代わりはいない。綿密な計画を立て、努力した者にだけ結果が付いて来る」というウッデンの哲学を理解し、そのうえで、どんな時もベストを尽くした。

サウスイースタン・オクラホマ州立大では、1試合平均27得点、15リバウンドの結果を出し、25歳にしてドラフト27位でデトロイト・ピストンズに入団する。この時期は、まだシューターとしての実力も見せてはいたが、プロになってからは、さらにリバウンドのエキスパートを目指した。

「リバウンドは俺に任せておけ」という「忠誠心」に満ちたロドマンの立ち居振る舞いは、

形成する集団のひとりひとりから信頼を得る。そして、独りよがりにならず、チームメイトと「協力」する姿勢を表した。

7シーズン在籍したピストンズでの1989年、1990年にNBAチャンピオンとなる。プレイオフでは、マイケル・ジョーダン率いるシカゴ・ブルズの追随を許さなかった。

ロドマンは公言した。

「NBA選手はバスケットボールと出会っていなかったら、死んでいたか、刑務所に入っていたような男が多い。俺もそうさ。バスケットボールが、いつも周囲にあるトラブルから逃がしてくれた。俺の武器はリバウンドだったんだ。得点なんて望まなかった。生き抜くためのことをやろうと、何度も何度も自分のプレーの映像を見て学習した。リバウンドで何者かになろうとしたんだ」

コンディションを整え、リバウンドの技術を磨き、チームメイトと共にチームの精神を理解してジョーダンを止めた。無論、そこには「高貴な競争」があった。

支えはいつも「強い気持ち」だった

サンアントニオ・スパーズを経て1995年、ロドマンはシカゴ・ブルズに移籍する。1991年からブルズで3連覇を成し遂げ、ベースボール選手を目指して一度は引退したジョーダンの復帰直後のことであった。試合中にテレビカメラマンに蹴りを見舞うなど悪童振りも発揮したが、ジョーダン、スコッティ・ピッペンらとの連携はよく、ロドマンはブルズにとって2度目の3連覇（1996年〜1998年）に貢献した。

神と謳われたジョーダンほどの脚光は浴びなかったが、ロドマンは汚れ役を引き受け、ディフェンスで圧倒的な存在感を示した。「チーム精神」を理解し、仲間の「信頼」を得たからこその結果である。

「全てのリバウンドが、個人的な挑戦だった。最高峰の場所で生き残るためには勝たなきゃならなかった。もし、このボールを失ったら、また地獄のようなダラスのゲットーに戻るしかない、という危機感を覚えていた。俺は自身をコート上のライオンだと感じていたよ」

ライオンはこんな毒も吐いた。

「アスリートでいる時間というのは、人生において仮の姿だ。俺の人生は与えられたものじゃない。カネも、人々から注目されることも、ファンが言う『あなたを愛している』なんていう言葉も絶対に信じない。NBA選手は、ユニフォームを着て2時間で7マイル走る売春婦さ」

その一方で、ホームアリーナの近くで飢えを凌ぐホームレスを見掛けると、ゲームのチケットをプレゼントする包容力も見せた。そして、NBA全体に注意を促した。

「選手にとって、最も大事なものはゲームだ。ファンをいかに気持ちよくさせて、幸せを感じてもらえるか。我々の勝利は2番目。最近の選手は年俸がいくらとか、名誉がどうだとか、女がどうだとか、誰がいい車に乗っているとか、いい服を着ているとか、そんなことばかりに気を取られている。選手はもっともっとゲームを大事にすべきだね」

NBAファイナルの最中に練習をエスケイプしてプロレスのリングに上がるなど話題を振り巻き、〈豪放磊落かつ気分屋の問題児〉と見られていたが、実のところ、ロドマンはひた向きにボールを追った。

「俺がドラッグにハマっているなんて無責任な発言をする野郎もいたが、そんな物に手を出したことは一度も無い。必要無かったからな。そういう事を言うヤツは、テレビの前でお気楽にビールを飲んでいるようなタイプさ」

1998年の優勝後、ロスアンジェルス・レイカーズ、ダラス・マーベリックスと渡り歩き、2000年のシーズンを最後にロドマンはNBAから姿を消す。

だが、2003年にNBA下部組織のDリーグ（現Gリーグ）と契約し、その後はメキシコリーグ、米国独立リーグ、フィンランド、英国などの選手として40代半ばまでコートに立った。彼の姿は、確かなバスケットボール愛を感じさせた。

２０１０年夏、そのロドマンが日本にやって来た。バスケットボールシューズやウエアを手掛けるメーカー、ＡＮＤ１がプロモートし、８月19日に有明コロシアムで催された「STREET2 ELITE」のコートに立ったのだ。引退から10年になろうとしていた。ゲーム内容について、私はほとんど覚えていない。ただ、シュートを打たず、彼の得意とするリバウンドでファンを沸かせた記憶はある。

試合後の記者会見で、私は質問した。「あなたがＮＢＡのトップ選手として活躍できた最大の要因とは何ですか？」と。

ロドマンは早口で答えた。

「気持ちだな。成功してやるという強い気持ち。いつもそれが自分の支えになっていた。身体が小さく、芽が出なかった時期も決して諦めず、自分を信じて前進したことが良かった」

この言葉は、ウッデンが語った「意欲」に該当するものであろう。

サングラスをしていたため、表情は窺えなかったが、スラムからバスケットボールを手に這い上がって来た男の信念を感じた。同時に、イメージよりもずっと真面目な人間であるように思った。この時のロドマンから受けた印象も「勤勉さ」だった。

デリク・ローズの「不屈の精神」

ロドマンを象徴する語が「勤勉さ」なら、彼の姿から思い浮かぶのは、ウッデンが述べた「意欲」である。

２０１１年、ＮＢＡ史上最年少の22歳でＭＶＰに選ばれたデリク・ローズ。好調時の彼がボールを持つと、相手は体にさえ触れさせてもらえなかった。

身長１８８センチとＮＢＡ選手としてはかなり小柄だが、ローズのスピードを活かした鋭いカットインを止めるにはファールしかなかった。――Too Big（存在自体が大きすぎ）、Too Strong（強すぎ）、Too Fast（速すぎ）、Too Good（良すぎる）男――それがデリク・ローズだった。

ところが、２０１２年シーズンのプレイオフに左膝前十字靱帯を断裂、２０１３年11月には右膝半月板損傷、２０１５年２月にも右膝半月板部分損傷と、相次ぐケガに苦しむ。デビューから８シーズンに亘ってプレーしたブルズでは、２５６試合を欠場した。２０１６年のニューヨーク・ニックス移籍後も状態は回復せず、９年間で４度、膝にメスを入れた。

故障がちとなったローズはニックス、クリーブランド・キャバリアーズ、ミネソタ・ティンバーウルブズ、デトロイト・ピストンズと１年ごとにチームを渡り歩くようになる。２０

17—2018シーズンにはトレードされ、その先で放出リストに載るという屈辱も味わっている。

「ケガさえなければ、NBA史上最高のポイントガードだったのに……」と、ファンはローズの不運を嘆いた。

当時を振り返ってローズは言う。

「何度も何度もケガに見舞われてしまいましたが、全力でプレーした結果だから後悔は全くありません。自分の身体について学びました。何を食べるべきなのか、どうストレッチすればいいのか、いかに疲れを取るのかを学習しましたね。

人は誰もが仕事を持ちますが、必ずしも好きなことをやれてはいないでしょう。だからといって、投げ出すわけにはいかない。それぞれの責任を果たさなきゃならないのです。自分はバスケットボールへの愛情を、いつも確認しています」

まさしく、ローズには決意と不屈の精神によって築かれた「意欲」があった。

ドラッグの充満する家に育って

ローズは1988年10月4日に、シカゴの南に位置するイリノイ州イングルウッドで生を享けた。ローズが育ったのもゲットーである。ドラッグディーラーが闊歩し、5つのベッドルームで13人が暮らすローズ宅にはドラッグの煙が充満していた。母親の2人の弟は、ドラッグによって命を落としている。

母は高校を2年で中退し、15歳で長兄を産んだ。ローズは15歳上、13歳上、7歳上と3人の兄に次いで生まれた末っ子だが、兄たちからバスケの手解きを受けた。近所にある公園にフープがあったのだ。もっとも、その公園ではギャングの抗争が絶えず、2001年から2016年までの間に4282件の発砲事件が記録されている。

劣悪な環境から抜け出したいと願うローズ自身が、ドラッグを手にしたことはなかった。高校卒業後、1年のみメンフィス大に通い、NBA入りを表明。故郷、ブルズの指名を待つが、関係者の何人かはローズのバックグラウンドを問題視した。長兄がドラッグ売買に手を染めていたからである。

19歳のローズは語った。

「もし、兄の存在を受け入れないと言うのであれば、俺を選ばなくていい」

しかし、ブルズは彼の才能に惚れ込み、全体1位でデリク・ローズをコール。3シーズン目にMVPを獲得したローズを手放すはずもなく、2011年12月21日には契約を5年間延長した。ところが、あまりにもケガの多い彼は、2016年6月に見切りを付けられ、トレード要員となってしまう。ブランクを作るローズについて、往年のスタープレーヤーであるチャールズ・バークレーとシャキール・オニールはテレビの解説中に「ヤツは終わった」と言い切っている。

苦境に立たされながらも、地道なリハビリを重ねたローズは2018年10月31日、キャリアハイとなる1試合で50得点を挙げ、復活をアピールする。この日、41分間プレーしたローズの活躍もあり、当時ローズが所属していたティンバーウルブズはホームでユタ・ジャズを128―125で下した。

試合後、生中継のカメラの前に立ったローズは、涙ぐみながら「死ぬほど練習しました。チームのため、ファンのためにやってきた結果です。あなた方なしでは、私はプレーできません」と語った。

その「死ぬほどの練習」には、長いリハビリも含まれている。ウッデンの「意欲とは、決意と不屈の精神によって築かれるものである。現実的な目標を定めなさい。そして、それを成し遂げるべく、集中しなさい」という言葉と、ローズが話した「死ぬほど練習しました」は、まさしく同義語に聞こえた。ウッデンの哲学である「より良い結果は意欲の量と比例する。意欲は頑固さに結び付き、我慢強さを身に付ける」をローズは具現化していた。

が、同シーズン半ばに右足、終盤には右肘を痛め、翌シーズンにも鼠径部を負傷し、またしてもコートを離れることとなる。

「24回失敗しても25回目に決めればいい」

２０２０年2月23日、鼠径部のケガからの復帰3戦目のコートに立つローズを見ようと、私はオレゴン州ポートランドのモダ・センターに足を運んだ。ポートランド・トレイルブレイザーズのホームアリーナである。

ティップオフは18時。ローズがモダ・センターに姿を現したのは16時11分である。このシーズンからピストンズと契約した彼にとって、ポートランド・トレイルブレイザーズのアリーナは２０１３年11月に右膝半月板を痛めた場所だ。

ローズはクリーム色のコートに身を包み、ヘッドフォンをしながらアウェイチーム用の控室に入った。その45分後、ファンの前でおよそ20分間、シュートを放った。

最初は公式球よりも重い４・５パウンドのグレーのボールを使った。およそ3分グレーボールでシュートを放つと、次は公式球を右手のみで。その後は様々な角度からひたすらシュートを打ち続けた。ほとんど外すことのない、確かな技術である。この入念なウォーミングアップからも、ローズの「意欲」が伝わってきた。

ローズはスターティングのポイントガードとして試合開始を迎えた。ブルズ時代の彼とは比較のしようがないが、ポジショニングの良さを感じさせる。試合開始から2分17秒後、カットインを見せ、得点。その後もプルアップショットを見せるが、ミスパスやドリブル中にボールを奪われるシーンが目に付く。

ほぼ互角の両チームの戦いは一進一退となる。ピストンズは第3クォーターの残り3分3秒から試合終了の3分22秒前までリードしたが、ホームの大声援に後押しされたトレイルブレイザーズに104―107で振り切られた。

試合後、私は控室でローズにICレコーダーを向けた。この日のゲームよりも、ケガに苦しんだ日々、彼がどのような気持ちで困難と格闘してきたかを訊ねた。

「メンター、友人、ファンに支えてもらいました。だからこそ、苦しい時も自分を信じることができたんです。『ここで負けちゃダメだ』という思いで、治療やリハビリを重ねました。本当にファンの方々には感謝しています。応援してくださる方を喜ばせるプレーを常に心がけています」

――1試合で挙げた得点が自己ベストとなった、昨シーズンの手応えは？

「50得点し、自分は成長していると信じることができます。コートに立てば、やれることも見えて来ますし、その繰り返しですね。ベテラン選手はそれぞれ生き延び方を知っています。私もできる限り長く現役を続けられるようにやっていきたいですね」

――ケガに苦しむ前は1試合、40分近くプレーしていましたよね。今日は27分40秒でした。

プレー時間の減少についてはどう受けとめていますか？

「いいと思います。このところ、頭を使ったプレーをしている実感があるんですよ。与えられた仕事を確実にこなしていきたいです。私は終わっていません。自分自身を創り上げている最中です」

――今、選手として定めている目標はありますか？

「特にありません。先のことは考えずに〝今〟この瞬間に全力を尽くすだけです」

トレイルブレイザーズ戦のローズは、チーム2位タイの15得点、アシスト3、リバウンド2を記録した。31歳の彼に22歳の頃のプレーを求めるのは酷だろう。それでも、本人が望むように可能な限り長く現役を続けられたらいい……と感じながら、私は帰路についた。

その1週間後のことである。ローズは3月1日のサクラメント・キングス戦の第2クォーターで、またケガに見舞われる。右足首を捻挫しMRI検査の結果「完治までに数週間」との診断が下る。その後、アメリカ合衆国も新型コロナウイルスに席巻され、NBAは休止される。下位に喘いでいたので、ローズのシーズンはそのまま終わりを告げた。とはいえ、デトロイト・ピストンズ内で1試合平均得点が18・1、アシスト5・6と、チームナンバーワンの数字を出したのはローズであった。

2021年2月8日、ローズは古巣ニックスへトレードされる。前回のニックス入団は失意と共にであったが、今回は笑顔でニューヨークへ飛んだ。ローズは「たとえ24回シュートをミスしても、25回目に決まって勝利に繋がればいい」を信条にバスケットボールを続けてきた。幼い頃から、周囲が止めても一日に4時間、5時間のトレーニングで自らを追い込んでいる。やらされる練習ではなく、主体的に動いて技術を磨いているのだ。

NBAに全体1位でドラフトされた時、MVPを獲得した時、ローズは苦労して自身を育てた母への感謝を述べた。またホームの試合会場には、3人の兄、息子、娘が頻繁に姿を見せる。家族を守るために一日でも長く現役を続けたいと話すローズには、犯罪の温床から、バスケットボールで這い上がってきた鋼のメンタルがある。

ウッデンの「予期せぬことが起こった時、適応力が求められる。適応力が無ければ、ネガティブな気持ちでティップオフを迎えることになる。そして、コートに足を踏み入れれば自分の能力を最大限に使ってファイトしなければならない」という言葉も、ローズに当てはまる。幼い頃に育った環境や、自分の体の変化に適応しなければ、彼は今日までバスケットボールを続けられなかったであろう。

ローズの歩みを注視すると、しばし感傷的な気持ちになる。だが、彼こそ人として、いかに生きるべきかを身をもって伝えているような気がするのだ。

未来への提言❺

組織を変えるより
個人の意識を変える

悪いと分かっていても変えられない「日本式システム」

プロのアスリートとして日米両国で活躍し、アメリカで子育てを経験した男。しかも高校球児でもあった長谷川滋利（52）。総仕上げとして、本書にうってつけの人物である彼の意見を紹介したい。

長谷川は、東洋大学附属姫路高校時代に3度甲子園に出場し、立命館大学を経てオリックス・ブルーウェーブに入団。先発投手として6シーズン過ごした後、メジャーリーガーとなり、アナハイム・エンジェルス（現ロスアンジェルス・エンジェルス）で5年、シアトル・マリナーズで4年プレーした。長谷川は２０２０年の夏の甲子園が中止されたことをプラスに捉えるべきだ、と語った。

「甲子園で活躍したスター投手の大半が、その後の野球人生でケガに苦しみ、肘や肩にメスを入れています。無論、それは連投や連戦に起因するものです。僕も高校時代は、毎日５００球くらい投げることもありました。５００球を1週間連続なんていうメニューでした。大会が始まったら、予選では、まずブルペンで60球投げて、ゲームで１００球以上投げる。だから1試合で２００球から３００球投げなければいけない。そのためには、一日に５００球投げておくべきだという考え方だったんです。当時は、それがおかしいとも感じませんでした。箸が持てなくなったこともありました」

その結果、30歳くらいになってから肩の痛みに悩まされることとなる。

「肩は消耗品です。ドクターによっては、『肩は一生のうち、投げられる球数が決まっている。無駄な球数使ってどうするんだ』という方もいるほどです。僕の場合は軟投派だったので、まだ良かったのですが、ストレートを主体とする本格派がそんなことをしたら、間違いなく故障に繋がります。本来ならメジャーで15年やれる投手が、10年くらいで終わってしまう。年間10億円以上稼げた選手なら、それをあなたたち補償できますか？　という話ですよ。甲子園に人生の全てを懸けて、擦り減らせる必要はないんです。10代で大きなプレッシャーを感じながら大舞台で投げることに、少しはプラス面もあるでしょうが」

長谷川は引退後も米国カリフォルニア州に住み、シニアのプロゴルファーとして研鑽を積みながら、オリックス・バファローズのシニアアドバイザーを務めている。

「今日、プロ野球でさえ、１００球投げたらピッチャーは交代します。僕が仕事をしているオリックス・バファローズもそうです。もちろん、１００球を超えると打たれるということもありますが、ピッチャーの肩を守る意味で当然のことです。どの球団でもプロのエースが１試合で１００球くらいしか投げないのに、高校野球だけが未だに１５０球、多いケースなら200球も投げている。なおかつ連投している。

誰もが悪いって分かっているんですよ。それなのに、やらせてしまう。過密スケジュールで甲子園が行われるということが歴史として続いており、まったく見直すことができない仕組みになっているんです。今まで続いて来た伝統が、正しいか否か検証しないことが一番の問題だと思いますね」

現場の人間が、悪しき伝統だと理解しながら改善策を見出せないのが甲子園なのだ。

「高野連にも知り合いがいますから、そういう人たちに問題点を指摘しても『その通りだ』とは言うものの、変えられないというシステムです。僕も最初は変えようと一生懸命考えましたが、色んな人の話を聞くたびに、これは変わらないなと感じました。歴史とか社会の体質が尾を引いているからなのでしょう。日本の場合、法律的強制力がありませんしね。

ですから、炎天下でやるのも、死人が出るまで続けるの？　ということなんですよ。仕組みっていうのは、とんでもないことが起こって初めて動き、変化が生まれるでしょう。それが日本のやり方なんですかね……」

組織を変えるより個人の意識を変えたほうが早い

変化を起こすために、長谷川はこんなことを考えている。

「文部科学省、高野連に今すぐにこう変えろ、と言っても無理です。甲子園を改革するには、朝日新聞や毎日新聞のトップの方々とも話をしないといけない。新聞社も仕事なので、私たちが相談を持ちかけても、そう簡単には改革できないでしょうね。ですから、組織を変えようとするのではなく、個々人の意識を変えるのが一番いいのかな、と僕は思います。対象は高校生や、その親です。

極端な話、高校生投手が全員、連投はしない、という風になったら、甲子園は成立しません。だから、そっちの方がいいのかな、と。当たり前の話ですが、アメリカ人高校生なら自分の言いたいことは、はっきり言いますよね。ダメなものはダメ、監督が間違えていたら、『間違っている』と言います。そうでなければ社会で生きていけません。日本も高校生ぐらいになると、自分から発言させることが大事でしょう」

長谷川はオンラインサロンを設け、次世代の野球選手たちにアドバイスを送ることを検討している。

「監督の支配下にある高校生は難しいでしょうが、小中学生、社会人、プロの選手の方にオンラインサロンでメンタルトレーニングの重要性を伝える試みを始めています。もちろん、メンタルを鍛えるのですが、中学生ならこれから高校生活が待っていますから、『甲子園と自分の将来のどちらかを取るなら、自分の将来を取る方がいい時もあるよ』というようなことを伝えようと思っています。

甲子園を目指し、18歳で燃え尽きるのではなく、やる気があるなら野球人生はもっともっと先があります。大学や社会人で花が咲く選手だってたくさんいますからね」

1996年生まれの長谷川の愛息は、父のアナハイム・エンジェルス入りをきっかけに、生後3ヵ月でアメリカに渡った。長谷川は当初、息子をプロゴルファーにしたかったと笑うが、父の影響もあり、ベースボールを選ぶ。すでに大学を卒業し、プロ選手となるか、独立リーグでプレーするか、社会人チームでプレーするか、所属するチームを決める時期だという。

2005年のシーズンを最後にユニフォームを脱いでから、長谷川は息子を指導して来た。小学生の間はリトルリーグ、中学生でシニアリーグ、そしてメジャーリーグ2632試合連続出場の記録を樹立したカル・リプケンが主宰するリーグ等、3つか4つのリーグのなかからいくつかを親子で選び、プレーさせた。高校からは日本のように学校の部活動で一年の半分を過ごし、残る5ヵ月間は、長谷川自身がコーチとして顔を出すクラブチームに所属させた。

「仮に高校の指導者に嫌われて全然使ってもらえなくても、クラブチームで頑張れば、大学から呼ばれます。実際にウチの息子は高校じゃなく、クラブチームにおけるプレーを見た大学からスカウトされました。そんな風に、アメリカには選択肢がありますよね。

辛い練習を我慢することが必要な子も、必要じゃない子もいるんです。チームが自分に合っていないと思ったら、選手はやめてしまうでしょう。それで、その子が野球じゃなくサッカーや陸上に行ってしまったら野球人口がどんどん減ってしまいます。だから日本も、各地域に受け皿があればなと思いますね。高校に通いながらでも、高校野球じゃなくクラブチームで続けられたらいいですよね」

高校球児も大学生選手でも、日本の場合は所属チームで認められなければプレーする場を失ってしまうのが一般的だ。

「アメリカにも干されてしまう高校生選手はいくらでもいますが、大学が主催するトライアウトもあるし、私がやっているようなクラブチームもあるし、その後の道を拓くことができるんです。高校で活躍していなくても、大学でプレーすることができたりします。

あるいは、希望の大学に一般入試で入学した後、毎年行われるトライアウトにチャレンジしてパスすれば、野球部に入ることだってできる。また、ディビジョン1の大学でやっていたけれどもレギュラーになれないのでディビジョン2の大学に移って、そこでの活躍が認められてメジャーリーガーになった選手も、僕はいっぱい見ています。アメリカは、そういう受け皿が広いです」

甲子園がゴールで本当にいいのか？

長谷川は中学時代から文武両道を自分に課していた。甲子園に出場し、東京六大学野球で投げる、という夢があったからだ。だからこそ、学業も決して疎かにしなかった。ところが、高校時代は特別進学クラスにいたものの、自分が思い描いていたほどの勉強時間が取れなかった。猛練習があったからである。

「高校時代は最寄り駅まで自転車で移動していたのですが、左右の確認をせずに大通りを突っ切ったりしていました。大ケガをしてもいい、そうすれば練習を休むことができると思っていたからです。そのくらい追い詰められていたんですよ。

睡眠時間も6時間あるかないかくらいでした。高校の監督やコーチにしてみれば、いちいち気にしていられないことかもしれません。毎朝5時に起床して始発電車で通学し、片道1時間半もかけていた僕自身が悪かったのかもしれない。でも、自分が指導者だったら、そういうことも理解して、練習は21時に終わるのではなく、19時半に終えてやらねばいけないな、とか考えるでしょうね。何が長時間練習をさせているのかと言えば、結局甲子園だと思います」

甲子園、日本のプロ野球、メジャーリーグを体験し、アメリカで子育てをした彼の言葉には、重みがある。

「目標があるのはいいことなのですが、もし甲子園がなかったとしても、自分で見付けなければいけない。僕はオンラインサロンで『本当にキミは甲子園がゴールなの？』という言葉を掛けようと思っています。甲子園を目指す本人が、その理由を説明できたらいいのですが、何も分からないのに甲子園を目指すと言うのであれば『そのゴール設定の仕方は間違っています』って言いますよ。頭から甲子園なんか目指すな、とは言わないですがね。本人の気持ちを聞いてあげてから、掛ける言葉を考えます。僕は3回も甲子園に行きましたから、こんな感じでこうだから、という説明ができます。

たとえば、親が甲子園に出て、いい思いができたというのなら説得力があるかもしれない。でも、子供を甲子園に行かせたいという親のなかには、自分が甲子園に行っていないから行かせたいというタイプもいます。甲子園を目指すことによってどれだけのものを犠牲にするのか分かっていなくて、勉強もそこそこに、野球ばかりやらせようとする親は、何か間違っている気がします」

苦しみ抜いた自身の高校時代と比べ、息子は楽しそうだったと長谷川は相好を崩した。

「息子は、子供の頃からプロになりたいって言っていましたから、たまに日本式の怒り方もしましたね。『一生懸命やっているってお前は言うけど、それは一生懸命に入らないよ』とかね。まぁ、それが逆効果になるのでやめたこともありますが。

この子は怒った方がいいとか、ほめた方がいいとか、言われますが、やっぱりほめられた方が人間は力を出せますよね。だから、まずほめてあげて『お前は良く頑張っている。でも、今の感じでプロになれるか?』っていう言いかたの方が聞く耳を持つと思います。頭から思い切り怒って、怖さで聞いていたとしても、頭に残らないでしょう。まずほめる、その後、注意するのがいいんでしょうね。アメリカはやはり、励まし型の教え方が多いです」

マウンドでは「否定の言葉」は理解できない

長谷川は、ピッチャーである息子に努めてポジティブな言葉を掛けた。ピッチングの際、アメリカでは通常、捕手が球種を決めるのではなく、投手の判断で行う。2003年のシーズン、28・2イニング無失点記録を作り、同年、メジャーのオールスターゲームでもマウンドに上がった長谷川のアドバイスは、どんな少年の心にも響くであろう。

「マウンド上では、否定形の言葉って理解できないんです。ですから僕がコーチの時は、息子だけでなく他の子にも『ストライクを取れ』と言うより、『ターゲットを目がけて投げた方がいいよ』『その夕ーゲットは小さい方がいい』『キャッチャーミットは、ターゲットとして大き過ぎる。キャッチャーミットからちょっと出ている紐を目がけた方がいいよ』なんて事を言っていました。

それは弓道やアーチェリーも同じで、的の輪に入れればいい、くらいじゃ外してしまうんです。一番ポイントの高いところを目指して射っている人間が、最も向上するそうです。バッターも、センターとライトの間に打つとか、小さく的を絞った方がいいんです。スポーツの基本なんですね。僕がオリックス時代、長嶋茂雄監督が講演に来てくれたんですが、『自分は天覧試合でホームランを打ったけれど、スタンドに運びたいなんて思っていなかった。スタンドの何列目の何番目に打とうと思った。そして、そこに当たったんだ』と話していました。それくらいターゲットを絞らないと打てない、ということを伝えたかったのでしょう」

長谷川はメジャーで生き残るために、打者との駆け引きを覚えた。自分の長所、短所をわきまえることはもちろん、対戦する打者を徹底的に研究し、裏の裏をかく投球を身に付けた。大差でリードしている局面で投げる折には、敢えて打者の好むボールを投げ、「あいつはここに投げてくるのか」というイメージを植え付けた。そのうえで勝負の場面では、まったく異なった投球をした。

「オリックスのシニアアドバイザーとしての立場で語るなら、今日、日本では野球人口が減少しているため、余裕がないんです。ダメな人は他の競技に行ってください。あなたは上手いけれどもベンチにいてください、とは言えません。ですから高校生の受け皿を、プロ野球自体が作れたらいいですね。高野連は怒るでしょうけれども、プロ野球で高校年代のチームを作るとか……。『皆さん、甲子園を目指してください。でもドロップアウトした人は、オリックスのユースチームに入ってください』というのはアリだと思うんです。そうすると上手く回るというか、今の甲子園も守れるでしょう」

私が気になっている、応援歌を歌うだけの補欠部員についても質した。

「コーチは一人でも多くの子にチャンスを与えるのが仕事です。リトルリーグのうちから勝つことにこだわり過ぎるのは良くないですね。でも、我慢することで何かを学ぶかもしれない。そういう意味では、スタンドで応援している選手にも、凄く意味があるんじゃないかと思います。教訓として将来に活かせたらいいのではないでしょうか。

僕が一番言いたいのは、何のために学校に行くかと言えば、勉強です。まずは勉強ありきのクラブ活動であるはずです。日本にいた頃もそう思っていましたし、アメリカでもそう見ています。アメリカは勉強をしっかりやらせようという考えが根本にあります。息子の高校は勉強のレベルが高く、それについていけない野球部員が、何人かドロップアウトしていきました。大学のＮＣＡＡのルールは高校以上に厳しくて、学業成績もそうですが、練習時間も決まっていて、全体練習は何時間とか、これ以上練習してはいけないというルールが定められていました。そういうアメリカのシステムは素晴らしいと思いますね」

スポーツとメンタル

息子をピッチャーとして大学で活躍するレベルまで育てた長谷川も、複数の競技を経験することがプラスだと認識する。

「体の使い方に幅が出ますよね。外野手がフェンス方向に走ってフライを取る動きは、アメリカン・フットボールのワイドレシーバーの動きに似ています。フットボールのダイビングを外野の守備でやったら、野球では超一流のプレーですよ。中学生くらいまでは、大いに他の競技と並行してやったらいいと思います。シーズンも違いますし、フットボール、バスケットボール、そして野球という感じがいいんじゃないですかね。

たとえばサッカーが好きだったけれど、レギュラーになれない。でも、野球だったらレギュラーになれて、試合に出られるから楽しくなって、面白味が分かってきたというタイプもいるでしょう。2つ以上の競技をやって本人に選ばせてあげれば、何が合っているかは分かりますよね」

長谷川自身もメジャーリーガーとなってから、リフレッシュとしてゴルフをするようになった。エンジェルスのピッチングコーチから「試合前日に深酒するくらいなら、朝早く起きて1ラウンドしてから球場入りする方が、いい効果を生む」と、助言された。それで腕を磨き、シニアプロとなったのだ。

「長いイニングを投げるんであれば、メンタル面が重要です。今のメンタルがあれば、メジャーでも先発でやれていたと思うほどですよ。野球と違ってゴルフって、イライラしたり、怒ったりすると次のホールでとんでもないスコアになることがあります。野球の場合はイライラしても次の回に即、影響が出たりはしないんですが。

怒りっていうのは成績を落とすんだなということを、改めてゴルフで理解しました。野球の現役時代は、フィニッシュの位置をこうした方がいい、とゴルフのスイングをピッチングフォームに置き換えて考えたりしましたね。野球は身体が覚えているから、あまり疑いを持たないんです。でも、ゴルフでフォームの過程を意識し、それをピッチングに活かすと、『あぁ、フィニッシュは大事だ』と再確認できたり、野球で忘れていたことを思い出すことがありました。ゴルフと投球って体の使い方が似ているんですよ」

また、同僚とラウンドすることで、チームに溶け込めた。つまりそれは、アメリカ生活を充実させることとなった。

「ただ、今日の高校生がフットボールとベースボールをかけもちすると、ほとんどケガに繋がってしまいます。僕が指導するクラブチームでも、フットボールでケガをして2～3週間休んだら、もうレギュラーでは出られません。プロを目指すのであれば、高校生で競技を一つに絞らなきゃいけないと思います」

長谷川の1つ年上に、ケニー・ロフトンという俊足のリードオフがいた。1994年から6シーズン連続でオールスターに選ばれ、盗塁王5回、ゴールドグラブ賞を4回獲得している。ロフトンは、インディアナ州の最西部であるイーストシカゴの黒人地区で生まれ育った。父親は知らない。彼を産んだ時、母親は16歳の高校生だった。

貧困家庭で生活するロフトンは、バットもグローブも与えてもらえなかった。まずは、カネのかからないスポーツであるバスケットボールで頭角を現す。中高時代はベースボール部にも在籍していたものの、バスケットボールの推薦でアリゾナ大に進学する。

2年次に大学選手権でベスト4となる活躍を見せるが、野球への愛情がどうしても断ち切れない。そこで、バスケットボールのシーズンオフに、ベースボールチームに頼み込んで入部許可を得る。そして3年生にして代走からスタートしてキャリアを重ね、メジャーのトップに上り詰めるのだ。

非常にアメリカ的な話であり、私はロフトンの生き方に魅力を感じた。2001年、2002年に私がロフトンをインタビューした際、彼は言ったものだ。

「外野手としてプレーするのに、バスケの経験が活きているね。ボールの落下地点を読めるから。俺がメジャーを代表する選手になれたのは、忍耐の意味を分かっていたからさ。ベースボールをやりたくても、そんな環境にいないことへの我慢。辛い練習に耐えること。調子が悪い時の忍耐。結果が出せない時、スランプ時の忍耐。いつも壁を乗り越えてきたよ」

長谷川にもロフトンの足跡について訊ねてみた。

「今日、高校で複数のスポーツをすることが白人野球選手のレベルを下げているのは事実です。もはやロフトンのような黒人選手なんて、メジャーではほとんど見られなくなっています。ああいうアフリカンアメリカンの身体能力のあるタイプは、バスケに行ってしまうんですよ。反面、ラテン系の選手は小さい頃から野球ばかりやっていますね。

メジャーリーグ機構は選手の国籍などどうでもいいわけです。アメリカ人選手の数が減っている分、日本、韓国、キューバ、ドミニカ等の選手で補っています。ロフトンや僕らの時代よりも、今のメジャーの方がレベルは上です。僕らの頃は、ブライアン・ジョーダンのようにＮＦＬとＭＬＢをかけもちする選手がいましたが、今や、フットボールとの両立は難しいでしょう」

やはりベースボールと並行してやるスポーツは、ゴルフが最適だと長谷川は笑った。

「マイケル・ジョーダンみたいな人はなかなかいませんから、野球とバスケをやるっていうのは難しいですよ。バスケットボールも接触スポーツですから、ケガが怖いですよね。いい野球選手がそれで壊れちゃうということもあるかもしれません。その点、ゴルフは激しいスポーツじゃないからケガも無いので、やれます。

まったく異なった競技でもメンタル面は一緒だったりするんですよね。子供のうち、あるいは大人になったプロでも、ちょっと余裕があって遊びでやれば学びがあります」

アメリカと日本では「子供時代のゴール設定」が違う

長谷川をインタビュー中、この人は高校球児の頃から常に主体性を持ち、自分で考えて野球をしてきたタイプなのだと理解した。日本人監督と選手に多い、上意下達の関係ではなく、自らの意思で練習法、調整法を取捨選択したからこそ、メジャーリーグのオールスター選手となったのであろう。彼は、目標に向かって工夫していくことが中学生の頃から身に付いていたようである。

「引退直後に息子の小学校に講演に行ったんです。僕はこういうゴール設定をして、オールスターに出ました。皆さん、どうですか？　というような内容で喋ったら、小学生の子供たちが『自分にはこういう夢がある』って人生設計を具体的に、綿密に語るんですよ。日本人に同じ質問しても『プロ野球選手になりたい』という漠然とした夢くらいしか言えないでしょう。

アメリカ人もほとんどは挫折しますが、誰もが超一流と認める傑出した選手が現れるのは、最初のゴール設定が子供の頃から明確にできているからかな、と感じます。その差は大きいですよね」

だからこそ、アメリカでは幼い頃から「やらされる練習」をしている子が少ないのではないか。指導者もそうやって年を重ねてきたから、ポジティブな声を掛け、寄り添う指導が多いのではないか。

スポーツに限らず、教育という美名の下に暴力が許されてしまう風土が日本には依然として残る。暴力による指導が発生した場合、殴られた側は警察に被害届を出して、きちんと解決したらいいのだが、前記したようにほとんどの親が「我が子を人質として捕らわれている」と感じているため、目をつむってしまう。あるいは、子供を甲子園の舞台に立たせることが叶うなら、多少は殴られても良し、と宗教のように指導者を信じてしまう。

私は長谷川に、甲子園を目指す過程で暴力指導を好む監督についても質問した。

「もちろん、暴力指導には反対です。僕も高校時代はボコボコにしばかれました。僕は身体が強かったので、殴られることに関しては何とも思っていませんでした。だったら殴っていいかと言えば、そんなことはなく、今の世の中の流れなら、ダメなことですよ。ただ、アメリカやヨーロッパでも昔はそうだったように思います。でも30年前の過去の話で、やっぱり日本は遅れているんですよ。

こんなグローバルな世の中になって、アメリカやヨーロッパの情報が入って来て『暴力指導をやっている国など、先進国の中で日本しかないですよ』という見方が常識になっている。少なくとも、殴った指導者は甲子園のベンチに入れない。高校が出場辞退になるのではなく、監督だけがベンチに入れないというのはいい傾向だと思います。遅まきながら、日本もそういう風になって来たのかな、と感じます。ですから、繰り返しになりますが、今後どうやってシステムを変えていくかでしょうね」

おわりに

バッターボックスに入るたびに監督のサインを確認しなければならない高校野球は、絶対服従を強いる日本人向きな競技と言える。止まっている時間が長く、監督が選手を意のままに使いやすいからだ。

間がある、という意味ではバレーボールもそうだ。1964年に開催された東京五輪で、日本は16個の金メダルを獲得した。そのなかで特に国民を熱狂させたのは、この大会から正式種目となった女子バレーボールだった。日紡貝塚のメンバーを中心とした日本女子代表チームは、大松博文監督からスパルタ指導を受け、世界の頂点を摑んだ。彼女たちは「東洋の魔女」と謳われた。

当時、読売新聞社会部の記者として「東洋の魔女」を取材し、後に日本ノンフィクション界の第一人者となる本田靖春は書いている。

私は、オリンピックの予備取材で、日紡貝塚に大松氏を訪ねたときから、彼に対して強い違和感を覚えるようになった。

大松氏は、選手たちに三時間しか睡眠を与えていないことを、自慢げに話した。驚く私に、彼がいった言葉はこうであった。

「八時間寝ていた人間の睡眠を、いっぺんに三時間に縮めることはできません。だから、今日は七時間半、明日は七時間といったふうに、三十分ずつけずっていくんです。そしたら、三時間寝ただけで平気なようになります」

いったい大松氏は、人間をなんだと考えているのだろう。（中略）

しかし、オリンピックで優勝を果たした大松氏は世間で喝采を受け、なかんずく経営者のあいだで講師として引っぱり凧になった。人間性をなおざりにした管理体制の進行は、そのころからピッチを速めたのである。

『「戦後」―美空ひばりとその時代』より

日本の伝統とも呼べる、選手の健康を考えない指導法は、「東洋の魔女」によって社会の是とされ、あらゆるスポーツのコーチや企業の経営者たちが模倣した。欧米人と比較して体が小さく、筋力やスピードに劣るジャパニーズは、勤勉さで立ち向かわねばならなかった。とはいえ、睡眠時間3時間の猛練習を続ければ、ケガで競技人生が断たれるのが常だ。19

64年の東京五輪時、女子バレーボールは世界的にマイナーだったからこそ、良い結果が出たに過ぎない。

にもかかわらず「練習量は多ければ多いほど良い」が金科玉条とされ、社会にも「労働時間は多いほど良し」なる風潮ができ上がってしまった。確かに広大な土地や資源に恵まれない日本が経済を発展させるには、知恵と忍耐を武器とするしかなかった。が、その結果、サービス残業に不平を漏らさず、休日返上で社のために超過勤務するモーレツ社員が数多く誕生したのではなかったか。労働基準法違反、安全配慮義務違反、あるいは理不尽だと感じても、決して文句を言わずに身を粉にして働く人間こそが善とされ、組織の中でもてはやされた。自らの感情を飲み込み、耐えることこそが日本社会で生きるための術となっていく。

「東洋の魔女」に沸いた東京五輪の男子マラソンで銅メダリストとなった円谷幸吉は、4年後のメキシコ五輪でさらに高い表彰台に上ることが期待された。だが、重圧に圧し潰されるかのように、所属する自衛隊体育学校の宿舎で右の頸動脈をカミソリで切り、自らの生命を絶つ。当時、円谷はハードな練習によって、腰に痛みを抱えていた。

27歳で人生を終えた円谷は、遺書をこう結んでいる。

〈父上様母上様　幸吉は、もうすっかり疲れ切ってしまって走れません。

何卒　お許し下さい。
気が休まる事なく御苦労、御心配をお掛け致し申し訳ありません。
幸吉は父母上様の側で暮しとうございました。〉

円谷の自死が報じられたのは、オリンピックイヤーである1968年1月9日のことだ。前年の30日から福島県の実家に帰省して家族や親戚たちと過ごし、年が明けた3日に自衛隊に戻っている。

仮に円谷が走ることの喜びを追求していたら、あるいは己のために競技を続けていたら、と考えるのは私だけだろうか。本人の意思を認めない環境に置かれていたから、彼はカミソリを手にしなければならなかった。これこそが、日本スポーツ界の因習と言える。

オリンピアンのようなトップ選手も、小学生のビギナーも、苦痛だけを覚えさせる指導法など、本末転倒である。

2011年1月、私の息子は所属していたミニバスチームで2軍から1軍に引き上げられることが決まっていた。監督、チーフコーチの判断によってである。

しかし、前記した同学年の子を持つパパコーチが、「年齢を優先し、あくまでも同じ学年のメンバーで活動させるべきだ」と幹部ミーティングの席で主張し、息子はモチベーションを失いかけていた。

悶々とした日々が続いていたなか、私は息子を連れてNBAの現場に出る。数日間、学校を休ませて渡米し、かつてのクラスメイトに混ぜて授業も受けさせた。

当時、NBAを取材するには、NBAジャパンオフィスに記者証を申請しなければならなかった。担当者が「お子さん、そんなに幼いうちからNBAがお好きなんですね。嬉しいなぁ。チビっ子記者として選手に質問してみてはいかがですか？」と、粋な計らいを見せてくださり、親子でサクラメント・キングス対アトランタ・ホークス戦の記者席に座った。

試合前、私たちはプレスパスを首から下げ、一緒に選手控室に入った。息子は2メートル強の選手たちが、マッサージを受けたり、ストレッチをしたり、足首にテーピングを巻いたり、また携帯電話をいじったりする様子を凝視していた。

そしてホークスのガードで、チームの顔でもあったジャマール・クロフォードのロッカーの前に立ち、NBAのベストシックスマンと謳われた選手に、自分の言葉で質問した。

「バスケットボールが上手くなるため、NBA選手になるためには、今、どのように過ごせばいいですか？」

クロフォードは微笑むと腰を折って目線を息子の高さに合わせ、手を握りしめながら言った。

「楽しく、ハードに、真剣にプレーすることだ。バスケットボールへの愛を忘れるなよ」

そして、息子の頭を撫でた。

クロフォードが屈み、言い含めるように短く回答した点に私は心を奪われた。子供の耳に響きやすく、理解しやすい言葉であった。一流のＮＢＡ選手は、自身がいかに夢を与える存在であるかを認識していた。おそらく、息子だけでなくすべてのファンに同様の接し方をしているに違いない。

この夜、息子は手を洗うのが勿体ないと言いながら寝床に就いた。翌朝は、午前6時からホテル近くの公園でシュート練習をした。2時間が過ぎ、朝食に誘っても、まだ練習をやめなかった。明らかにモチベーションが高まっていた。

やはり、本場にはバスケ愛を十二分に味わえる土壌がある。スポーツを生活の一部として、心から楽しむ風土に包まれている。

「一体、スポーツとは何であるのか」。アスリート本人、指導者たち、いや、日本社会全体が、今一度、自分に問いかける必要がある。

今の日本で置かれている環境、現状が全てではない。

林 壮一

1969年生まれ。ジュニアライト級でボクシングのプロテストに合格するもケガで挫折。週刊誌記者を経て、ノンフィクションライターに。ネバダ州立大学リノ校、東京大学大学院情報学環教育部にてジャーナリズムを学ぶ。アメリカの公立高校で教壇に立つなど教育者としても活動。著書に『マイノリティーの拳』『アメリカ下層教育現場』『アメリカ問題児再生教室』(以上、光文社電子書籍)、『神様のリング』『進め！　サムライブルー 世の中への扉』(以上、講談社)などがある。本書が10作品目の単著となる。

講談社+α新書 842-1 C

ほめて伸《の》ばすコーチング

林《はやし》 壮一《そういち》

2021年6月16日第1刷発行

発行者―――鈴木章一

発行所―――株式会社 講談社

東京都文京区音羽2-12-21 〒112-8001

電話 編集(03)5395-3522

販売(03)5395-4415

業務(03)5395-3615

デザイン―――鈴木成一デザイン室

カバー印刷―――共同印刷株式会社

印刷―――株式会社新藤慶昌堂

製本―――株式会社国宝社

KODANSHA

定価はカバーに表示してあります。

落丁本・乱丁本は購入書店名を明記のうえ、小社業務あてにお送りください。

送料は小社負担にてお取り替えします。

なお、この本の内容についてのお問い合わせは第一事業局企画部「+α新書」あてにお願いいたします。

Printed in Japan

ISBN978-4-06-523647-5